www.tredition.de

John Zet

Lynn von Tara

Tochter Peruns

www.tredition.de

© 2019 John Zet

Verlag und Druck: tredition GmbH, Hamburg

ISBN
Paperback: 978-3-7482-3305-3
Hardcover: 978-3-7482-3306-0
e-Book: 978-3-7482-3307-7

Inhaltsverzeichnis

VORWORT

Die ersten Worte richte ich an Lynn und bitte sie um Verzeihung. Am Anfang war ich persönlich skeptisch, traute meinen eigenen Augen und Ohren nicht. Erst hörte ich ihre Stimme, die sagte, dass wir wachsam sein sollen. Ich hörte ihre Stimme im Schlaf, auf der Arbeit, beim Sport und beim Fernsehen. Sie schien mich bei all meinen Aktivitäten zu verfolgen. Über Wochen und Monate hörte ich denselben Satz. Seid wachsam! Als es nicht aufhörte und ich nicht zu Ruhe kam, verfluchte ich sie aufs Äußerste. Mit der Zeit bin ich verrückt geworden und konnte keinen klaren Gedanken mehr fassen. Am Anfang versuchte ich, selbst damit fertig zu werden, doch nachdem es nicht besser, sondern schlimmer wurde, beschloss ich, mir Hilfe zu holen. Ich machte mir einen Termin bei einer Psychologin und schilderte ihr mein Problem. Sie machte auf mich den Eindruck, als würde sie mich nicht ernst nehmen; sie schien gelangweilt und ließ mich spüren, dass sie mich schnell loswerden wollte. Nach ein paar Sitzungen entließ sie mich mit einem Rezept für Antidepressiva und empfahl mir, sie täglich zu mir zu nehmen, damit die Stimme aus meinem Kopf verschwinde. Ich nahm die Pillen wie verschrieben morgens und abends zu mir und wurde das Problem los. Das Antidepressivum hatte mir geholfen, ihre Stimme loszuwerden, doch ich merkte, wie ich von Tag zu Tag psychisch mehr abbaute. Morgens wachte ich mit tierischen Kopfschmerzen auf und verbrachte den Tag mies gelaunt bis zum Abend und zur Nacht. Meine Laune wurde schlechter und die Depressionen immer schlimmer. Sie wurden so unerträglich, dass ich morgens gar nicht mehr aufstehen konnte. Eines Tages lag ich in meinem Bett und konnte mich nicht mehr bewegen. Da hörte ich wieder ihre Stimme. *Siehst du! Sagte ich dir nicht, seid wachsam!* Da wurde mir klar, dass es keine Geisteskrankheit war, sondern etwas nicht von dieser Welt. Schon als kleiner Junge hatte ich Visionen von Geistern, Fabelwesen und Außerirdischen gehabt, die mich besuchten oder mit Geschwadern von Ufos über unsere Köpfe hinwegflogen. Ich erinnerte mich daran, dass ich im Alter zwischen 6-9 Jahren eine imaginäre Freundin hatte. Könnte es sein, dass sie nicht so imaginär war, wie ich dachte, und mich jetzt besuchen kam? Ich grub immer tiefer in meiner Vergangenheit und begab mich auf Ursachenforschung. Als Kind begleiteten mich damals gute und böse Geister. Jedes Mal, wenn ich als Kind krank war, wollte mich eine Hexe entführen. Meine Oma, die schon tot war, nahm mich in den Arm und ließ mich nie los. Die Hexe verschwand immer wieder mit den Worten, mich eines Tages zu sich zu holen. Meiner Oma habe ich einen besonderen Dank auszusprechen. Als ich ein junger Mann war und mich nach einer misslungenen Beziehung nicht mehr aufrappeln konnte, spielte ich mit dem Gedanken an Selbstmord. Wieder suchte ich meine Psychologin auf, wieder verschrieb sie mir Antidepressiva und wieder verschlimmerte sich meine Situation. Ich setzte mich in meinen Wagen und fuhr in den Wald, um meinem Leben ein Ende zu setzen. Ich beschleunigte mein Auto auf über 100 km/h und fuhr auf einen Baum zu. Wenige Meter vor dem Aufprall erschien mir meine Oma im Scheinwerferlicht und ich stieg auf die Bremse. Sie hatte mir das Leben gerettet! Ich bin aus dem Auto ausgestiegen, schaute in die Luft und sah, dass zwei kleine Objekte die Szene beobachtet hatten. Eines der beiden landete neben mir auf einem Acker. Die Luke öffnete sich und aus dem Flugobjekt kam sie mir mit den Worten entgegen: *Seid wachsam*! Für mich sah sie aus wie eine Göttin. Sie hatte langes blondes Haar und trug ein hautenges Kleid, das wie eine Uniform aussah. Auf ihrem Haupt trug sie ein goldschimmerndes Diadem, in ihrer Hand einen funkelnden Stab. Ich war erstarrt durch ihren Anblick und sie sagte mir, *komm mit, begleite uns auf eine Reise*. Da erfüllte mich ein nie dagewesenes Gefühl der Freude und ich stieg in das Flugobjekt und wir hoben ab. Kurz nachdem wir die Erde hinter uns gelassen hatten, wurde mir schwarz vor Augen. Bevor wir auf Tara 2 landeten, öffnete ich sie wieder. Der Planet war riesig. So etwas Blaues hatte ich nie zuvor gesehen. Die Meere leuchteten kristallklar. Auf dem Boden befand sich nichts außer unendlich viele Pflanzen mit unterschiedlichen Farben. Die Bäume doppelt so groß wie auf der Erde mit einem grünen Blätterdach geschmückt, das meine Augen reizte. So helle Farben hatte ich nie gesehen. So hell, dass sie mich blendeten. Auf den Wiesen und Feldern lachende Menschen mit spielenden Kindern, zwischen ihnen wilde Tiere, die keine Angst vor ihnen hatten und in ihren Beeten grasten. Die Menschen schienen sich daran nicht zu stören. Keiner machte den Eindruck, die Tiere verjagen zu wollen. Die Tiere zeigten keine Aggressivität. Wir landeten und ich fühlte mich seit langer Zeit das erste Mal lebendig. Ich fühlte meinen Körper und hatte klare Gedanken, als ob ich vorher nicht existiert hätte. Wir stiegen aus und auf uns kamen zwei kleine Mädchen zugelaufen. Sie waren ungefähr 12 Jahre alt. Sie trugen lange Kleider und ihre Haare waren zu Zöpfen geflochten. Die Frau nahm die Kinder mit einem wundervollen Lächeln in die Arme und begrüßte sie. Das waren ihre Töchter, sie rief sie mit den Namen Emma und Mia!

Gerührt von diesem Anblick wurde mir wieder dunkel vor Augen. Als ich aufgewacht war, befand ich mich wieder an dem dunklen Ort im Wald neben meinem Auto zwischen den Bäumen auf der Erde. Seit diesem Erlebnis hatte ich nie wieder das Bedürfnis, mir das Leben zu nehmen. Ich fuhr wie ausgewechselt nach Hause. Zu Hause schnappte ich mir die Bibel und suchte nach dem Sinn des Lebens. In den nächsten Jahren suchte ich nicht nur in der Bibel, sondern im Koran und in den indischen Texten. Ich habe Buddhas Lehren gelesen und in alten Mythen und Legenden. Die Welt beobachtete ich mit anderen Augen, war nicht mehr so leichtgläubig und stürzte mich nicht blauäugig in irgendwelche Abenteuer. Überzeugen konnte mich jedoch nichts. Im Hinterkopf behielt ich immer das Gefühl auf dem blauen Planeten. Für mich war er nur ein Traum. Bis eines Tages mein kleiner Neffe mir von seinen zwei kleinen imaginären Freundinnen erzählte. Nun wusste ich, dass ich nicht durchgeknallt war und dass die Stimme, der Planet und die Frau echt waren. Er nannte seine imaginären Freundinnen Emma und Mia!

LYNN VON TARA
TARA 2

Mein Name ist Lynn.

Ich bin die Tochter von Perun und Enkelin von Svarog! Viel ist in eurer Welt über uns nicht bekannt. Nur das wir eure Erde besiedelt haben sollen. Svarog war König und Perun sein Sohn, der uns die Gesetze der Natur lehrte. Rod war unser Anführer auf der jungen Erde. Mein Großvater Svarog war aber kein König und schon gar kein Gottgleicher. Er war der Älteste und kannte die Gesetze des Geistes und der Natur. Perun, mein Vater, hat sie an uns weitervermittelt. Rod war Wächter über die Gesetze und gleichzeitig Begleiter der Völker.

Mein Heimatplanet heißt Tara. Unsere Hauptstadt Atlantis ist euch sicherlich ein Begriff, da in eurer Welt einiges über sie offenbart wurde. Atlantis ist auf Tara die größte und gleichzeitig die einzige Stadt. Wir haben unsere Gebiete nicht nach Städten, Ländern und Kontinenten aufgeteilt, wie es bei euch auf der Erde üblich ist. Eine Stadt, ein Land oder ein ganzer Kontinent bedeutet Besitz. Wir besitzen nicht, sondern bewirtschaften nur! Bewirtschaften auf Tara bedeutet, dass jeder für das komplette Gebiet, wo er sich angesiedelt hat, die Verantwortung trägt. Die Gebiete wurden in Wohndörfer aufgeteilt, keines dieser

Dörfer steht unter irgendeiner Führung. Unsere Führung ist die Natur. Alles, was der Natur schadet, schadet uns und unserer Entwicklung. Gott schuf uns nicht, um die Natur zu kontrollieren, vielmehr wurden wir für die Natur erschaffen, die uns kontrolliert. Wir halten uns nicht für etwas Gesondertes von der Natur. Wir sind eins mit der Natur! Wir sind ein Teil eines Ganzen. Alles fließt ins andere über. Tara kontrolliert die Pflanzen, sie gibt ihnen die Nahrung. Die Pflanzen kontrollieren uns und geben uns Nahrung. Um dies zu verdeutlichen, müsst ihr euch einmal vorstellen, dass euer Planet ein lebendiges Lebewesen ist. Es hat die Form einer Kugel angenommen. Da die Kugel nackt war, fror sie im Schoß der Galaxie. Da das Frieren negative Gedanken entstehen lässt, beschloss sie, sich etwas überzuziehen. Das Gestein verzichtete für die Seele Taras auf den Platz und teilte sich zu Geröll und das Geröll zu Sand. Weil Tara immer noch zu kalt war und ein T-Shirt ihr zu wenig erschien, beschloss sie, sich mehr überzuziehen. Hierzu schloss sich Tara mit dem Meer zusammen, damit es sie mit Wasser belieferte. Um Tara Wasser zu liefern, gab das Meer der Sonne den Auftrag, es aufzuheizen, damit Wolken entstehen konnten. Die Wolken regneten nieder und versorgten Tara mit Wasser. Lehm und Ton entstanden aus dem Sand und Tara war warm und glücklich. Nach einer Weile wurde sie schwach. Sie war zu durstig, weil das Kleid, das sie sich angezogen hatte, viel zu eng war und das Wasser zu schnell in das Meer floss. Dann beschloss sie, ihr Erdreich mit Kleinstlebewesen und

Kriechtieren anzureichern, damit sie das Kleid etwas lockerten. Irgendwie machte sie ihr Kleid traurig. Es sah zu langweilig und öde aus. So gab sie ihrem Kleid etwas Farbe. Sie bemalte sich mit einer Vielfalt von Farben. Pflanzen schmückten ihre Oberfläche und bildeten verschiedene Muster; bunte Felder, Wiesen und Bäume bedeckten Tara und sie strahlte nach außen. Doch irgendetwas fehlte ihr immer noch. Niemand konnte ihr ein Kompliment für ihre Farbenpracht machen. So lud sie sich drei Freunde ein. Unsere Monde! Damit die Monde unsere Tara von allen Seiten betrachten konnten, fingen sie an, sich um sie zu drehen. Als die Sonne das gesehen hatte, wollte sie mehr davon sehen. Tara war so glücklich darüber und fing an, um die Sonne zu tanzen. Die Sonne wollte noch mehr davon sehen und lud sich mehrere Gesteinsbrocken ein, die sich Tara zum Vorbild machten. Viele Planeten führten der Sonne einen Tanz vor und brachten sie zum Strahlen. Das brachte die Sonne auf eine Idee. Sie teilte ihre Erlebnisse mit ihren Freunden. Das ganze Universum begann zu tanzen und sie strahlten sich gegenseitig an!

Versteht ihr jetzt ein wenig, warum wir keine Führung brauchen? Wir leben nach diesem Prinzip. Alles muss fließend in etwas übergehen, damit eine Vielfalt entstehen kann. Zwang unterbricht den fließenden Übergang und führt zu Chaos. Und Chaos zerstört, anstatt aufzubauen. Damit wir ständig daran erinnert werden, kommen in jedem

Dorf die Ältesten zusammen und beobachten den Energiefluss der Tara. Alle Daten werden an Atlantis verschickt und bearbeitet. Bearbeitet werden die Daten nicht etwa von einem Präsidenten, sondern von unserem Energiefeld selbst. Tara reagiert auf jede kleinste Veränderung in unserem Verhalten und sendet Impulse aus. Wenn wir uns in die entgegengesetzte Richtung entwickeln, stören die Impulse Taras unser Energiefeld und wir erhalten weniger Energie. So haben wir über Generationen gelernt, dass jeder negative Einfluss, jeder negative Gedanke, Tara Schäden zufügt und auf uns überfließt. Das Energiefeld schützt uns vor der dunklen Energie im Kosmos. Die dunkle Energie liebt es öde und kalt und wird nicht müde, den Tanz zu stoppen. Die Energie betreibt unsere Maschinen und Geräte. Hauptsächlich sind es Maschinen, die dem Abbau unserer Nahrungsquellen dienen. Wir ernähren uns nur von Pflanzen, die Tara für uns bereitgestellt hat. Wir haben festgestellt, dass genetisch manipulierte Pflanzen zwar schneller wachsen, aber schwach an Energie sind und uns krank machen. Daher vertrauen wir voll und ganz auf Tara. Tiere essen wir auf Tara nicht. Das Schlachten verursacht Angst und Leid und Angst schüttet giftige Hormone aus. Diese Hormone würden uns langsam vergiften. Dabei hilft es auch nicht, das Tier vorher zu betäuben. Jedes Lebewesen spürt schon Stunden zuvor, wenn es bedroht wird. Normalerweise müsstet ihr erkennen, dass ihr keine Fleischfresser seid. Denn Fleisch schmeckt euch nicht.

Wenn Tierfleisch gesund wäre, müsstet ihr es nicht würzen, damit ihr es verzehren könnt. Wenn ihr nur auf eure Natur hören würdet, wüsstet ihr, was gut oder schlecht für euch ist. Die Pflanzen entscheiden selbst, wann sie reif sind, damit wir sie ernten können. Eine Pflanze ist am glücklichsten, wenn sie den Höhepunkt an Energie liefern kann. Sobald sie merkt, dass sie abbaut, möchte sie geerntet werden und freut sich noch mal, uns als Nahrungsmittel gedient zu haben. Ihr wollt bestimmt wissen, warum größere Tiere auch unter uns leben, wenn wir sie nicht als Nahrung nutzen. Dafür kehren wir zu der Geschichte über Tara zurück. Alles strebt nach Glück, auch Tara. Sie liebt es, wenn sie Leben auf ihrem Rücken spürt. Die Bewegungen von den Tieren und uns Menschen wirken wie eine Massage. Sie liebt es, durchgeknetet zu werden. Eine Berührung der Haut lässt unsere Körper positive Hormone ausschütten. Ein Planet ist uns sehr ähnlich. Wenn er sich unwohl fühlt oder ihn etwas juckt, reagiert er genauso wie wir. Er fängt an, sich zu kratzen, und schüttelt seinen Körper. Wundert ihr euch noch, dass ihr unter Naturkatastrophen leidet? Unsere Nahrung lagern wir an einem Ort. Wir nennen es die Lunge der Tara. Jeder Planet hat einen Mittelpunkt, auch wenn er schwer zu finden ist. Diesen kann man nur finden, wenn man richtig mit seinem Planeten kommuniziert. Wenn er glücklich mit seinem Umgang ist, zeigt er sich anerkennend. Auf der Lunge des Planeten durften wir unsere Pyramide aufstellen, wo die Lebensmittel gelagert werden. Die Lunge

Taras hält die sinkende Energie einer Pflanze weiter auf hohem Niveau, sodass wir den vollen Energiegehalt zu uns nehmen können, um gesund zu bleiben. An diesen Ort haben wir unsere Hauptstadt Atlantis gebaut. Pflanzen, die nicht direkt verzehrt werden können, gelangen von jedem Dorf nach Atlantis. Von da aus werden sie an die Dörfer weiterverteilt. Atlantis ist unsere Energie und Kornkammer und unsere Produktionsstätte. Dort stellen wir auch unsere Maschinen, Fluggeräte und, ja, sogar Waffen her. Wozu dienen unsere Waffen, fragt ihr? Unsere Galaxie wird von sehr vielen Zivilisationen bewohnt. Nicht jede Zivilisation ist auf unserem Niveau. Viele sind der euren sehr ähnlich. Immer wieder versuchen uns einige nicht entwickelte Völker anzugreifen. Scheinbar muss jede Zivilisation diese Entwicklung so beschreiten, damit sie eines Tages eine Abreibung erhalten. Wir zerstören diese Zivilisationen nicht. Vielmehr erhalten sie von uns einen Denkzettel, der sie in ihrer weiteren Entwicklung voranbringt. Wir dachten auch, dass wir uns im Universum ausbreiten müssten. Wir machten uns auf den Weg, Planeten einzunehmen, bis wir eine Abreibung erhielten, die uns Zehntausende Jahre zurückwarf. Unser Sonnensystem war voller Leben, bis wir der Meinung waren, wir müssten uns gewalttätig ausbreiten, Rohstoffe plündern und uns verbreiten. Erst als die galaktische Föderation eingriff, weil sie merkte, dass wir alles Leben ausrotteten, erhielten wir unseren Denkzettel. Wir waren uns sicher, dass wir unbesiegbar waren, und stürzten uns in den Krieg mit ihnen. Das war die schnellste

Niederlage und zeigte uns unseren Platz im Universum. Zu damaliger Zeit besiedelten wir drei Planeten in unserem Sonnensystem. Das waren der Mars, unser Hauptplanet Atlantyka und Tara. Nachdem wir die letzte Gesellschaft auf der Venus zerstört hatten, musste die galaktische Föderation eingreifen. Der Mars wurde durch eine Waffe innerhalb von Sekunden unbewohnbar. Atlantyka rissen sie in Stücke. Nur Tara blieb unberührt und wir konnten umdenken. Was war das für eine Macht, die uns innerhalb von Sekunden hätte vollkommen zerstören können, aber uns trotzdem einen Ort für den Wiederaufbau ließ? Wir stellten uns die Frage: Wie kann man so stark sein, aber keinen Drang zur Eroberung anderer Völker haben? Gab es Wichtigeres als Land zu besitzen und sich auszubreiten? Die Antwort kam prompt. *Ihr sollt euch ausbreiten, aber geistig!* Wir krempelten unser ganzes System um. Jeder negativ belastete Gedanke und jedes noch so negativ belastete Wort sollte aus unseren Köpfen verschwinden. Begonnen haben wir in den Schulen bei unseren Kindern. Worte wie ‚meins, deins, ihr müsst, wir müssen‘ wurden umgedeutet zu ‚unser, ihr wollt, wir wollen‘. Wir erziehen unsere Kinder nicht, sondern begleiten sie. Die Erzieher sind Begleiter und Beobachter. Wir belehren unsere Kinder nicht, sondern wir lehren sie. In den Kindergärten und Schulen werden die Kinder zwanglos begleitet. Unsere Beobachter und Begleiter sind keine Zwangs-Ausgebildeten. Wir setzen nicht auf Universitäten, die den Menschen ein Pseudo-Wissen auftischen und dieses dann frustriert auf die Kinder loslassen. Lebenserfahrung ist die beste Ausbildung für unsere Lehrer und Begleiter. Omas kümmern sich um die Heranwachsenden und suchen gemeinsam mit ihnen nach individuellen Fähigkeiten. Spielerisch ermitteln sie die Fähigkeiten und entwickeln sie zusammen mit den Kindern weiter. Es bringt Kindern nichts, ihnen ein Wissen in den Kopf zu prügeln, dass nicht ihren Fähigkeiten entspricht. Dies führt zu Stress und Stress baut eine Blockade im Kopf auf und führt zu Depressionen. Depressionen führen zu Trägheit und Trägheit zu Faulheit. Es gibt keine faulen Menschen, sie werden dazu erzogen. Ein Kind muss nicht rechnen lernen, wenn es malen kann. Ein Kind muss nicht malen können, wenn es gerne bauen oder basteln möchte. Ein Kind muss nicht rennen können, wenn es lieber schwimmt. Ein Kind braucht keine Sprachen lernen, wenn es lieber beobachtet. Ein Kind muss nichts über das Universum erfahren, wenn ihn nur die Erde interessiert. Es muss nicht tanzen, wenn es gerne singt. Jeder Mensch ist individuell. Der eine braucht etwas mehr Zeit und der andere etwas weniger. Wir haben keine strikten Zeiten, bis wann etwas erlernt werden muss. Das Kind entscheidet selbst, wann es so weit ist. Nicht die Erwachsenen gestalten die Lehrpläne, sondern die Kinder. Wie viele Begleiter und Beobachter eine Zivilisation benötigt, entscheidet nicht irgendein Staat, sondern die Individualität des einzelnen Kindes. Je mehr wir das Prinzip beherzigten und umsetzten, desto schneller entwickelten wir uns sowohl geistig als auch zivilisatorisch. Die Arbeitswelt verbuchte nur Vorteile von den Heranwachsenden und konnte ihre Produktivität steigern. Es machte keinen Sinn, jemanden zu etwas zu zwingen, was ihm keinen Spaß machte oder zu dem er gezwungen wurde. Man braucht keine Vorgesetzten, die die Mitarbeiter nötigen und demotivieren, weil aus Profitgier falsch ausgebildet wurde. Ein Mitarbeiter ist erst dann hoch motiviert, wenn er Entscheidungen selbst fällen darf, wenn er sein Herzblut in seine Aufgabe steckt. Wenn er für diese Aufgabe geboren wurde. Wir haben in unseren Firmen keine Chefs und keine Vorgesetzten. Die Mitarbeiter arbeiten für sich und die Gesellschaft. Jeder nach seinen Fähigkeiten und Talenten. Wir haben niemanden mit Zertifikaten, Zeugnissen oder Titeln. Jedes Zahnglied in einer Kette steht an seinem richtigen Platz. Wenn man eines hervorhebt und sich um die anderen Glieder nicht kümmert oder sie unterbewertet, werden sie rostig und spröde. Eine Kette, die reißt, zieht auch das hervorgehobene Zahnglied mit. Jeder Mensch ist gleichwertig. Der eine kann etwas, zu dem der andere nicht fähig ist. Wir sind wie ein großes Zahnrad. Wir müssen die Zahnräder nur richtig einordnen, damit das eine ins andere passt. Somit fangen wir uns gegenseitig ab und es bildet sich eine großartige Gesellschaft. Weit entfernt seid ihr Menschen auf der Erde, um dies zu verstehen.

Wie unsere Medizin funktioniert: Auch wir werden krank und fühlen uns schlapp. Das liegt aber nicht an der

Umwelt, an irgendwelchen Viren oder Bakterien, sondern an uns selbst. Wenn der Körper krank wird, gibt er uns ein Zeichen, dass wir etwas falsch gemacht haben. Wenn wir die Symptome bekämpfen, heißt das nicht, wir würden den Fehler beseitigen. Wenn wir nur die Symptome bekämpfen, werden wir immer und immer wieder krank. Und dies ein Leben lang. Wir besitzen keine Pharmaunternehmen! Unsere Pharmaunternehmen sind unsere Körper. Wir betrachten unseren Körper wie Tara. Der Körper wehrt sich gegen die von uns gemachten Fehler. Lassen wir den Körper nicht atmen, weil wir der Meinung sind, wir müssen schöner werden, und schmieren uns Öle ins Gesicht, dann brauchen wir uns gar nicht wundern, dass der Körper mit Ausschlag reagiert oder sich schüttelt, damit er den Dreck loswird. Füttern wir unsere Mägen mit Nahrung, die den Körper träge, faul und krank macht, brauchen wir uns nicht zu wundern, dass der Körper diese Nahrung ausspuckt. Beschallen wir unsere Köpfe mit elektromagnetischen Strahlen, brauchen wir uns nicht zu wundern, dass der Körper mit Kopfschmerzen reagiert. Er möchte den Druck loswerden. Bevor wir die Symptome unterdrücken, behandeln wir die Psyche. Wenn die Seele krank ist, so ist auch der Körper krank. Uns ist es gelungen, die Krankheit zu besiegen, weil es uns gelungen ist, die Seele zu heilen. Wundert euch nicht, dass ihr unter Krebs, Blutdruck, Zucker, Depressionen leidet, wenn ihr schlecht seid. Nicht der Krebs ist böse, sondern ihr seid es! Der Krebs ist gut! Er möchte euch helfen. Anstatt mit dem Krebs zu arbeiten, bekämpft ihr ihn und der Körper wehrt sich mit noch mehr Krebs. Damit ihr den Krebs in euren Körpern loswerdet, müsst ihr den Krebs erst in der Gesellschaft loswerden. Die Pflanzen geben uns das Nötigste, um die Symptome zu beschwichtigen. Für den Rest sind wir selbst verantwortlich. Hilfe erhalten wir von unseren Ärzten. Sie sind spezialisiert darin, unseren Energiefluss mithilfe von Messgeräten zu messen. Jeder Mensch besitzt eine Aura, die gemessen werden kann. Die Aura besagt aber nicht, wie gut oder böse ein Mensch ist, sondern wie gesund. Menschen mit einer schwachen Aura sind meist krank und schwächeln. Unsere Psychologen bauen die Aura auf und bringen sie wieder zum Strahlen. Dabei suchen sie nicht nach dem Grund in irgendwelchen kalten Räumlichkeiten, sondern in der Natur. Der Energieaustausch zwischen den Menschen und den Pflanzen zeigt einem Psychologen auf, was einem fehlt. Ein Psychologe in unserer Welt ist nichts anderes als ein Kommunikator mit der Natur. Die Pflanzenwelt sagt ihm, was der Patient falsch gemacht hat. Anhand dieser Analyse behandelt er. Die Menschen kommen nicht böse zur Welt. Sie werden böse, weil sie krank sind. Eine Gesellschaft kann nur gesunden, wenn jeder Einzelne gesundet. Damit wir gesund bleiben, beschlossen wir, nur positiv zu denken. Jeder negative Gedanke führt zu negativen Handlungen. Negative Handlungen führen zu Krankheit und Leid. Leid führt zu sozialem Unfrieden und sozialer Unfrieden führt zum Erkranken einer Gesellschaft. Ein Teufelskreis entsteht, aus dem es sehr schwer wird, zu entkommen. Einer kranken Gesellschaft droht das Aussterben. Ein Aussterben führt zu Leere und Kälte und zu Einsamkeit für die Seele der Tara oder in eurem Fall der Erde. Für unsere Arbeit werden wir nicht bezahlt. Banken oder Wechselstuben brauchen wir nicht, weil alles, was wir herstellen, offen zur Verfügung steht. Als wir noch mit Fahrzeugen fuhren, hatten wir so viele Fahrzeuge, wie gebraucht wurden. Überall standen mehrere offen abgestellte Fahrzeuge, die jeder nehmen durfte. Heute brauchen wir sie nicht, weil wir andere Fortbewegungsmittel verwenden. Wir besitzen Antigravitationsanzüge, die uns leicht in die Luft emporsteigen lassen. Gelenkt wird mit zwei Stäben, die wir in jeder Hand halten. Angetrieben werden wir durch Druckschübe wie eure Astronauten im Weltall. Die Energie für den Antrieb erhalten wir vom Sauerstoff. Also von den Pflanzen, die Fotosynthese betreiben. Ich versuche, es euch bildlich zu erklären. Mit dem Antigravitationsanzug seid ihr leichter als Luft, ihr steigt langsam nach oben. Weil ihr diese Technologie nicht besitzt oder besitzen dürft, gehen wir für euch damit ins Wasser. Ihr seid im Wasser und habt unsere Stäbe in der Hand. Die Stäbe laden sich mit dem im Wasser befindlichen Sauerstoff an. In den Stäben entsteht ein Druck, den ihr ablasst. Der Druckstoß befördert euch in die gewünschte Richtung. Oder wir reiten mit unseren Pferden durch die Lüfte. Den Pferden ziehen wir Antigravitationsanzüge um, die mit Flügen bestückt sind. Somit können wir uns wie ein Vogel durch die Lüfte bewegen. In euren Fabeln habt ihr solche Pferde schon mal gesehen. Das Horn ist eine Art Antenne, die dem Pferd signalisiert, in welche Richtung wir fliegen wollen. Um in eurer Sprache zu bleiben, ist es unser Navigationssystem. Diese Fortbewegungsart hat sich durchgesetzt, sodass wir Ressourcen sparen konnten und ein hochkomplexes Energiefeld, das speziell für Fahrzeuge aktiv war, abschalten konnten. Energiefelder nutzen wir nur noch für unsere Häuser. Unsere Häuser sind alle rund gebaut. Wir leben alle in einer Art Blase. Diese Blase könnt ihr nicht sehen. Sie steht auch niemandem im Weg. Ihr könntet einfach durch sie hindurchgehen und würdet nicht stören. Stellt euch mal vor, ihr könntet ein Haus bauen, dass sich auf der Frequenz eurer Geister befindet. Eure Geister können auch durch Wände gehen und ihr bemerkt sie nicht mal. Deshalb brauchen wir keine Fenster und haben einen Rundumblick und genießen die volle Pracht der Natur. Wir können einen Menschen von innen sehen, der auf uns zukommt, aber sobald er durch das Energiefeld schreitet, wird er unsichtbar. Erwarten wir Besuch, dann sehen wir ihn vor der Kuppel stehen und wir können ihn hereinbitten. Die Kuppel finden wir mithilfe spezieller Messgeräte, die die Frequenz des Hauses messen können. Eine Navigation führt dich direkt vor jedes Haus. Jedes Haus strahlt ein individuelles Signal aus, dass die Messgeräte empfangen können. Sollten wir beschäftigt sein und keinen Besuch empfangen wollen, schalten wir das Signal einfach ab.

Somit sind wir vor Einbrechern geschützt – als Metapher gesprochen, weil wir keine Einbrecher auf Tara haben. Über diese Frequenzen versenden wir auch unsere Waren. Ein Produkt, das wir gerne hätten oder gerade benötigen, bestellen wir direkt in der Firma, wo es hergestellt wird. Das ist so ähnlich wie euer Internet, nur das es nahezu direkt bei uns angeliefert wird und wir nicht tagelang auf ein Versandunternehmen warten müssen. Drohnen ziehen über diese Frequenz, mit der bestellten Ware zu unseren Häusern. Die Frequenz öffnet eine andere Dimension. So ähnlich funktionieren auch unsere Flugscheiben. Diese benutzen wir nur, um weite Reisen zu machen. Wenn wir euch auf eurer Erde besuchen und ihr uns Abfangjäger schickt, denkt ihr, wir fliegen mit unvorstellbarer Geschwindigkeit. Dem ist nicht so. Wir verschwinden einfach in der Frequenz und tauchen wieder auf. Oder aber wir manipulieren euch in der Zeit! Unsere Zeit läuft einfach schneller und für euch sieht es so aus, als ob wir uns schneller bewegen.

Wie verlieben wir uns und wie finden wir unsere Partner? Wir suchen unsere Partner nicht wie ihr in irgendwelchen Kneipen, Diskotheken oder Partnerbörsen. Wir werden auf eine magische Art und Weise voneinander angezogen. Die Pflanzen spüren unsere Aura und führen uns zusammen. Wir begegnen uns unerwartet, wurden aber zueinander geführt. Sollten wir dennoch aus irgendeinem Grund nicht den richtigen Partner an unserer Seite haben, geben die

Pflanzen uns Zeichen. Haben wir den richtigen Partner, mit der passenden Aura, freuen sie sich mit uns und verfolgen uns mit ihren Blicken überall, wo wir hingehen. Sie stoßen Wellen aus, die wir empfangen, die uns zeigen, dass wir die richtige Wahl getroffen haben. Wir fühlen uns glücklicher, wohler und entspannter. Haben wir den falschen Partner, ignorieren uns die Pflanzen. Dadurch fühlen wir uns unglücklich und unwohl, sodass beide Seiten schnell merken, dass sie nicht zueinander passen. Wir sprechen der Natur viel Vertrauen aus. Keiner würde der Auswahl widersprechen. Unsere Sexualität ist der euren sehr ähnlich. Doch für uns ist die Sexualität besonders heilig. Die Sexualität hüten wir besonders. Durch sie verschmelzen unsere Auren und kommunizieren ergiebig miteinander. Diese Kommunikation muss rein bleiben. Würden Partner, die nicht füreinander bestimmt sind, miteinander schlafen, würden die Auren sich nicht miteinander verbinden können. Sie würden sich sogar abstoßen und ohne dass ihr es merkt, entstünde sogar eine kleine Menge an dunkler Energie. Für uns ist es wichtig, dass die dunkle Energie hinter unserem Schutzschild bleibt. Diese Art der Sexualität würde ihr die Tür in unsere Herzen öffnen. Sollten wir so unachtsam mit der Sexualität umgehen wie ihr es macht, würde die Dunkelheit unsere Gesellschaft wieder vergiften und Hass würde wieder unser Leben bestimmen.

Unsere Freizeit verbringen wir teilweise wie wir. Ja, wir haben auch Spaß! Wir besitzen genau wie ihr auch eine Art Fernseher. Wir schauen auch Filme, unsere Kinder kennen auch Cartoons. Wir achten bloß penibel darauf, dass der Fernseher der Unterhaltung dient und nicht der Manipulation. Wir richten auch nicht, wie ihr in euren Nachrichten, sondern wir bilden. Wir zeigen Vorbilder, wir bilden vor, ihr richtet nach, dies ist ein kleiner Unterschied. Am liebsten aber verbringen wir unsere Zeit in der Vergangenheit oder besuchen virtuelle Welten. Jedem von uns ist es möglich, in die Vergangenheit zu reisen. Jetzt würden eure Wissenschaftler schreien, dass dies nicht möglich sei. Und wenn doch, dann würde man die Vergangenheit verändern und es hätte unvorstellbare Folgen für die Zukunft. Blödsinn, kann ich euch nur sagen. Eure Wissenschaft schafft überhaupt kein Wissen. Das Einzige, was sie schaffen, sind Lügen, Angst und Schrecken. Wenn wir in die Vergangenheit reisen, befinden wir uns nicht wirklich in deren Dimension. Wir können alles sehen und hören, aber wir können nicht gehört oder gesehen werden. Wir sind sozusagen die Geister. Und Geister können in keine Welt eingreifen ohne euer Wollen. Erinnert euch an die Frequenzen und die Drohnen! So funktioniert die Reise in eine Vergangenheit. In die Zukunft zu reisen ist unmöglich und das wird immer unmöglich bleiben. Die Zukunft muss erst geschrieben werden. Jeder Abschnitt einer Zeit besitzt seine eigene Frequenz. Der Zeitstrahl einer Zukunft existiert noch nicht, also besitzt er keine Zukunftsskala. Jede Zeit in der Vergangenheit ist auf der Frequenzwelle schon beschrieben und gespeichert. Wir haben die Frequenzskala der Zeit entschlüsselt. Sie funktioniert wie eure Radios. Damit wir in die Vergangenheit reisen können, müssen wir uns mit der Maschine verbinden. Dies geschieht in einer Art Energieblase. In der Blase wird das Gehirn in Trance versetzt und verschmilzt mit der Frequenz der jeweiligen Zeitwelle, die eingestellt wurde. Durch den Trancezustand verlässt der Geist seinen Körper und wird von der Zeitwelle angesogen. Man könnte sagen, der Geist surft in der Welle der Vergangenheit. Da die Welle beschrieben wurde, erlebt der Geist exakt das, was damals stattgefunden hat. Er kann nicht direkt am Geschehen teilnehmen, weil er sich nur ein Video anschaut, das aufgenommen wurde. Dennoch ist es sehr spaßig und vielfältig, weil wir die Vergangenheit aus vielen Sichten verfolgen können, indem wir eine Schlüsselperson der jeweiligen Zeit begleiten, als stünden wir neben ihr. Stellt euch vor, ihr könntet Napoleon bei den Vorbereitungen zu Waterloo begleiten. Oder Adolf Hitler bei seinen Plänen, die Welt zu erobern. Ihr wüsstet alles. Man könnte in der Geschichte nichts mehr manipulieren. Alleine das Wissen, dass so eine Maschine existiert, würde einen dazu verleiten, nur Gutes zu tun. Einen kleinen Haken hat die Reise in die Vergangenheit. Man kann nur in eine Zeit reisen, wenn kein Mensch dieses Zeitabschnittes in der Gegenwart lebt. Um wieder zurückzugelangen, stellt man die Maschine soweit ein, wie man miterleben möchte. Oder man stellt die Energiezufuhr ab. Dies hätte keine Auswirkung auf euren Körper oder eure Psyche. Es wäre so, als ob ihr aus einem Traum erwachen würdet. Die Zukunft könnt ihr euch nur virtuell erschaffen. Dies tun wir auch. Wir verbinden uns mit Maschinen und kreieren unsere eigenen Welten. In der virtuellen Welt ist alles möglich, sodass uns nie langweilig wird. Wir haben uns geeinigt, dass niemand die Maschinen nutzen wird, um Gesellschaften zu bilden. In diesen Welten sollen wir keine virtuellen Kontakte knüpfen. Diese Welten sollen menschenleer bleiben. Der Kontakt würde in uns die alten Eigenschaften hervorrufen und die echte Welt damit verpesten. Wir haben aber auch wie jede andere Zivilisation Einkaufszentren, wo wir uns treffen können. Wir treffen uns in Cafés, Kinos, zu Wettbewerben und vielen anderen Orten auch, wo ihr euch treiben lassen könnt. Kinofilme funktionieren so ähnlich wie unsere Zeitmaschinen. Wir können am Schauspiel direkt teilnehmen und den Charakter selbst auswählen, den wir auf seinem Abenteuer begleiten. Wir sitzen nicht vor dem Fernsehen, sondern mittendrin. Diese Art von Fernsehen ist jedoch sehr anstrengend, so dass viele lieber die alte Art der Unterhaltung bevorzugen.

Unseren Strom beziehen wir aus dem Weltraum, von Tara und den Pflanzen. Alles was tanzt und in Bewegung ist, produziert Strom. Ihr müsst es nur anzapfen. Wir haben unsere Welt nicht mit Stromkabeln verknotet und nutzen keine Kraftwerke, die unsere Umwelt verschmutzen. Wir schicken unseren Strom durch die Anderswelt an jeden Ort, wo er gebraucht wird. Auch ihr wart mal so nahe daran, etwas Ähnliches zu erfinden, als ihr euren Strom durch die Luft senden wolltet. Doch bei euch haben die falschen Kräfte zu viel Einfluss. Zu diesem Thema kommen wir noch! Wir bedienen uns Hologrammen, um miteinander zu telefonieren. Auch hierbei versenden wir die Wellen über die Anderswelt, damit wir vor den schädlichen Wellen geschützt bleiben. Wir können uns auch beamen. Doch leider dürfen wir diese Technologie nicht allzu oft benutzen. Fürs Beamen brauchen wir sehr viel Energie. Wir alle bestehen aus Energie und beim Beamen werden wir zur Energie. Es ist sehr schwer, die Energie dazu zu zwingen, sich exakt so wieder anzuordnen wie zuvor. Wird der Körper durch das Beamen zu Energie, versucht er sich im Ganzen aufzulösen. Würde der Körper sich im Ganzen auflösen, würde der Geist sein Fahrzeug verlieren. Stellt euch vor, ihr seid auf einer Autobahn mit Tempo 100 und plötzlich würde sich euer Auto auflösen. Damit wir dies verhindern, benötigen wir ein Vielfaches mehr an Energie, um die Anziehung zu verhindern. Dennoch ist es uns möglich!

EIN VERHÄNGNISVOLLER FEHLER
AUF TARA

Ich habe euch jetzt einen kleinen Einblick in unsere Welt beschert. Doch warum bin ich bei euch?

Das, was ich euch zu berichten habe, werden die meisten von euch nicht glauben. Einige werden geschockt sein, aber den allermeisten wird es wohl egal sein, weil sie, einfach ausgedrückt, nicht anders können. Diejenigen, die auf der Suche sind: *Hört gut zu!*

Tara ist unsere Erde. Und eure Erde ist nur eine Kopie von Tara. Mit der Zeit verändert sich eure Umgebung. Eine Zeit, die – wie ihr sie empfindet – nicht wirklich existiert. Aber hierzu etwas später.

Wir waren ein friedliebendes Volk. Voll technologisiert und wir lebten in Einklang mit der Natur. Die Gesetze bestimmte die Natur. Neid, Hass oder Missgunst waren völlig aus unseren Köpfen ausgetrieben. Alles was Leid verursachte, war vollkommen in Vergessenheit geraten. Jeder, der hier lebte, kannte den Sinn des Lebens. Jeder wusste um sein wahres Ich. Wir lebten in Freiheit und dies sollte uns und euch zum Verhängnis werden. Wir erkannten die Gefahr. Doch unsere Lebenseinstellung ließ es nicht zu, Maßnahmen einzuleiten, die uns zu etwas zwingen würden, was wir nicht wollten. Zwang bedeutet für uns Stillstand und wir entschließen uns gegen den Stillstand für die freie Entfaltung des Seins. Die Gefahr war das Unsichtbare. Wir kannten es! Das Wissen über das Unsichtbare sollte uns hüten. Dennoch bauten wir Schutzzonen in Form von Energiefeldern, um unsere Dörfer und Städte, um uns vor der dunklen Energie zu schützen. Die dunkle Energie würde Eigenschaften in uns wecken, die wir mit Wissen bekämpft haben. Jene Eigenschaften, die ihr nur zu gut kennt, weil ihr euer ganzes Leben von ihnen begleitet und bestimmt werdet. Ich spreche von Gefühlen, die ihr versucht, in Worte zu packen. Euch begleiten Gefühle, bei denen ihr euch wohlfühlt, und euch begleiten Gefühle, bei denen ihr euch schlecht fühlt. Anhand dieser Gefühle baut ihr eure Zukunft. Zumindest glaubt ihr das! Ihr glaubt, dass all die Verben, die ihr erfunden habt, um die Gefühle zu beschreiben, normal und wichtig für euch sind, dass sie euch voranbringen. All dies entspricht nicht der Wahrheit und ist eine Illusion. Jedenfalls für euch!

Durch den Hunger an Energie haben wir die Büchse der Pandora geöffnet. Wir waren naiv, zu glauben, die dunkle Energie kontrollieren zu können, und luden sie schlicht ein, uns zu vernichten. Um unsere Städte und unsere Technologie am Leben zu halten, benötigten wir viel Energie. Die Energie, die wir brauchten, war irgendwann mal nicht genug vorhanden und zu schwach, um all die Maschinen zu bedienen, die wir brauchten. Wir hatten Maschinen, die uns vor Krankheiten schützten, Maschinen für unsere Energiefelder, Fluggeräte und Schutzschirme.

Maschinen für unsere Ernährung und Maschinen, die uns lange leben ließen. Wir fanden heraus, dass wir selbst zum Energielieferanten werden konnten. Wir fanden heraus, dass unsere Gefühle Energien hervorriefen, die wir anzapfen konnten. Dummerweise brachten schlechte Eigenschaften wie Hass, Neid und Leid die größte Energieausbeute. Wir haben uns geeinigt, dass jeder in einem bestimmten Alter für eine Zeit freiwillig den schlechten Gefühlen ausgesetzt wird und so einen Dienst für sein Volk verrichtet. Hierfür bauten wir riesige kuppelförmige Hallen, in denen wir unsere Tara nachahmten. Die Kuppel konnte die entstandene Energie gut absorbieren. Ein Mensch stößt bei jeder Reaktion Energie aus seinem Körper. Je nachdem, wie stark die Reaktion ist, wird der Energieausstoß mehr oder weniger stark. Befindet sich ein Mensch im Ruhezustand, wird kaum Energie ausgesendet. Sobald er in Bewegung gerät und Stress empfindet, steigt der Energiepegel und wird über den Kopf in die Umwelt abgestoßen. Dies ist ein natürlicher Prozess. Unser Gehirn besitzt ein Sicherheitsventil, das sich sofort öffnet, wenn zuviel Druck in Form von Energie entsteht. Würde er es nicht machen, würde das Gehirn überhitzen und explodieren. Hättet ihr unsere Messgeräte, könntet ihr die Energieströme messen. Die entstandene Energie kann man für eine Technologie nutzen. Ob für die Verbrennung oder für Antriebe. Für Magnetfelder oder Gravitationssysteme. In der Medizin oder Wirtschaft. Überall, wo Energie gebraucht wird, kann man sie nutzen. Die Kuppel fängt die ausgestoßene Energie ab und speichert sie. Von da aus können wir sie an jeden Ort und an jede Maschine weiterversenden. Euch sind unsere Hallen als Garten von Eden bekannt. Die Freiwilligen unterzogen sich einer Gehirnmanipulation, die sie alles vorher Erlebte für eine gewisse Zeit in der Kuppel vergessen ließ. Danach wurden sie nach Eden verbracht. Genauer gesagt hatten wir Sarkophage in den Hallen. In die legten wir uns und eine Illusion eurer Welt entstand. Eden war nur nicht so, wie ihr es aus eurer Bibel kennt, sondern ähnlich dem, wie ihr euch eure Vorfahren vorgestellt habt. Leben in Höhlen, Kämpfe untereinander, Todesangst vor wilden Tieren, das Gefühl von Hunger, Schmerz und Sehnsucht. Wir hatten permanent einhundertvierundvierzigtausend Menschen in der Kuppel, die für den Energieerhalt sorgten. Hatte ein Mensch seinen Dienst beendet, so wurde er von einem anderen ersetzt. Die Erinnerungen wurden vom ihm entfernt, sobald er aus der Kuppel entlassen wurde, sodass er die schlechten Eigenschaften nicht mit in unsere Welt nehmen konnte. Weil wir mit der Zeit viel mehr Energie benötigten, mussten wir mehrere Kuppeln bauen. Doch wir waren zu wenige, um den Energiebedarf zu decken und immer weniger Menschen waren bereit, einige Jahre ihres Lebens zu verschenken. Daraufhin haben wir die Maschinen so modifiziert, dass ein Mensch mit ihnen verschmelzen konnte. Er wurde mit einer Maschine verbunden, die ihm eine Welt vorgaukelte und eine Zeit von mehreren Jahren, obwohl nur einige Stunden vergingen. Dies war die Geburt eurer Erde. Nun konnten wir unseren Hunger an Energie stillen, verloren keine Zeit und konnten unser Leben so fortführen, wie wir es gewohnt waren. Allerdings hat sich langsam in uns etwas eingeschlichen, was unsere Art zu leben verändern sollte. Wir konnten zwar die Erinnerung an Eden löschen, aber scheinbar nicht den Einfluss. Gemerkt haben wir es viel zu spät, um das aufzuhalten, was uns zerstören sollte. Mit dem Öffnen der Büchse der Pandora ließen wir die dunkle Energie in unsere Städte und Herzen. Langsam und unscheinbar übernahmen die schlechten Eigenschaften aus der Welt der Maschine unsere Tara. Einige unserer Brüder und Schwestern haben sich von uns abgewendet, weil sie nicht mehr mit unserem Lebensstil einverstanden waren. Sie wollten wie in eurer Welt herrschen und bauten sich eigene Städte. Als die dunkle Kraft vollkommen über sie gesiegt hatte, wollten sie auch über uns herrschen und es kam zu einem fürchterlichen Krieg auf Tara. Bruder gegen Schwester und Schwester gegen Bruder. Da die Dunkelheit stärker war, mussten einige von uns fliehen. Diejenigen, die nicht fliehen konnten, kamen in Gefangenschaft und man schloss sie an die Maschinen an. Sie dienen jetzt als Energielieferanten für Atlantis. Atlantis ist die Hauptstadt von Tara. Atlantis wurde an der Stelle erbaut, wo Tara beginnt zu atmen. Auf dem Mittelpunkt der Lunge von Tara bauten wir eine Pyramide, die einen Schutzschirm über unseren Planeten ausbreitet. Um die Pyramide herum bauten wir unsere

Hauptstadt. Wir sind zu schwach, um Atlantis zurückzuerobern. Nur mit eurer Hilfe wird es uns gelingen. Über viele Jahre eurer Zeitrechnung versuchten wir es mühselig. Unsere Gegner wissen davon, haben aber keinen direkten Einfluss. Nachdem sie uns vernichtend geschlagen hatten, mussten wir von Tara fliehen. Auf den Plejaden fanden wir einen Ort, auf dem wir unser Leben fortführen können. Um Tara herum haben wir Basen aufgestellt und beobachten, was auf Atlantis geschieht.

Bevor es zum Krieg kam, lebten wir nebeneinander auf Tara. Am Anfang ließen sie uns noch gewähren. Sie vertrieben uns lediglich von Atlantis, weil wir ein Herrschaftssystem nicht akzeptierten. Wir zogen uns auf einen Kontinent zurück und nannten ihn Lemuria. Auf Lemuria versuchten wir, unser gewohntes Leben fortzuführen. Wir bauten Städte, hielten uns an unsere Gesetze und lebten so, wie wir es früher gewohnt waren. Durch den Gebrauch der Maschinen wurde es auf Atlantis immer rauer. Die Menschen benahmen sich immer mehr wie auf der Erde. Das Volk wurde immer unruhiger, keiner traute dem anderen mehr über den Weg, Neid und Gier beherrschte die Seelen. Immer öfter kam es zu Streitigkeiten und Kämpfen untereinander. Als sie merkten, dass es so nicht weiter gehen konnte, organisierten sie Wahlen. Gewählt wurde ein König, der die Macht der Sonne in seinen Händen trug; dieser sollte zwar Ordnung auf Atlantis bringen, doch dies reichte ihm nicht. Nun wollte er seine Macht auf ganz Tara ausbreiten. Unsere Bevölkerung auf Lemuria sollte ihm wie alle anderen auch als Sonnenkönig huldigen, ihn anbeten und Abgaben leisten. Dafür würde er uns beschützen und in Frieden lassen. Wir ließen uns nicht auf den Deal ein, weil es gegen alles verstoßen würde, für das wir standen. Rasend vor Wut trommelte er seine Soldaten und Schiffe zusammen und griff uns an. Lange konnten wir uns nicht verteidigen. Wie es ausging, habe ich euch schon beschrieben. Nachdem wir aus Tara vertrieben wurden, erklärte er sich zum Gott von Tara.

Um euch zu helfen, müssen wir euch den Namen nennen. Dies wird für euch schwer zu verstehen sein und es uns schwerer machen, euch zu helfen. Dennoch ist es sehr wichtig, dass ihr seinen Namen kennt.

JAHWES MASCHINE UND DIE BESIEDLUNG DER ERDE

Er nennt sich Jahwe. In eurer Welt hat er euch geschaffen, so sagt man Dies entspricht nicht der Wahrheit. Er hat euch nicht geschaffen, er ist lediglich Geschäftsführer eurer Welt und verwaltet sie. Er ist nicht Gott, für den er sich in eurer Bibel hält. Er ist derjenige, den ihr als Satan, Teufel, Mammon, Baal oder Baphomet kennt. Er hat viele Namen und Gesichter! Nach dem Krieg haben sie viele von uns in Gefangenschaft genommen und an die Maschinen angeschlossen, um die Energieversorgung Taras sicherzustellen.

Ihr lebt! Ihr seid unsere Brüder und Schwestern! Ihr seid gefangen in einer Illusion, die Jahwe kontrolliert! Er hat euch ein Abbild von Tara geschaffen! Länder, Flüsse und Berge sind eine Kopie Taras! Pflanzen und Lebewesen teilweise aus Tara kopiert! Die Tiere und Menschen sind keine Fleischfresser. Sie leben von der Kraft Gottes, des Lichtes und von der Energie, die ihnen die Pflanzen geben. Euch schufen sie eine Illusion, damit ihr Leid empfindet. Deshalb müsst ihr Hunger und Schmerz erleiden. Wir haben den Schmerz überwunden und haben Wesen hervorgerufen, die zusammen eine Einheit bilden, aber dennoch sich voneinander unterscheiden. Ja, es gibt einen Gott! Wir wissen selbst nicht, was Gott ist, wir wissen nur, dass er existiert! Als wir aufgehört haben, ihn zu suchen, aber nie aufgehört haben, zu glauben, konnten wir uns zu dem entwickeln, was wir sind. Nämlich Menschen! Jahwe, oder ich nenne ihn lieber Baphomet oder Teufel, hat sich des Sonnenlichtes zugunsten seiner Macht bedient. Er ist böse, nicht die Sonne! Wir huldigten der Sonne, weil sie uns ernährte und Leben brachte. Er machte aus der Sonne etwas Dunkles und Böses. Wir sind nicht Gott ähnlich, er auch nicht. Gott schuf uns, um Menschen zu sein. Andere Wesen wurden erschaffen, um andere Wesen zu sein.

Elfen, Feen, Trolle, Lichtgestalten, ja, die gibt es! Nur nicht in eurer Welt, weil eure Welt eine Illusion ist, kontrolliert durch Jahwe. Ihr seid Jahwe und uns nicht nur ähnlich, sondern gleich. Nur mit anderen Eigenschaften. Ihr lebt in keiner Zeit. Ihr fühlt sie nur. Euer ganzes Leben entspricht in Wirklichkeit zwei bis drei Monaten auf Tara. Eure Welt begann, wie in eurer Bibel beschrieben, vor ca. 6000 Jahren. All die Jahre, die man euch vorgemacht hat, sind in Wirklichkeit nur 16 Jahre. Alles, was ihr kennt, was vorher gewesen sein sollte, programmierten sie nachträglich hinein, um euch in der Illusion zu halten. Genauso wie Jahwe das Programm manipulieren kann, könntet ihr es auch. Im Kollektiv könntet ihr die Maschine beeinflussen und das macht ihr auch unbewusst. Das wissen die auch und schicken euch immer wieder Anführer, die euch lenken oder euch eure Gefangenschaft mit Technologien versüßen. Auf die Gefühle haben sie nicht direkt einen Einfluss. Sie bieten euch nur eine Aktion, auf die ihr mit einem Gefühl reagiert. Wie schon gesagt, eure Welt begann vor ca. 6000 Jahren eurer Zeitrechnung, dies entspricht 16 Jahren unserer Zeitrechnung. In Wahrheit seid ihr 16 Jahre gefangen und euch kommen die Jahre so lang wie mehrere Leben vor. Dies klingt für euch unfassbar. Doch um euch befreien zu können, versuchen wir es euch zu erklären und nur durch euren Glauben können wir es schaffen, Jahwe zu vertreiben. Denn wenn ihr erwacht, verlieren die Maschinen ihren Zweck. Vor 6000 Jahren begann eure Qual. Einige dieser Bauten findet ihr zum Teil heute noch, doch die blieben euch nur erhalten, damit ihr eine Geschichte habt. Als wir diese Technologie verwendet haben, habt ihr tatsächlich in Höhlen gelebt, wo ihr Schutz vor wilden Tieren gesucht habt. Ihr habt euch gegenseitig bekämpft, um euer Leben zu sichern. Nachdem euer virtuelles Ich verstorben war, seid ihr erwacht und konntet euer Leben auf Tara normal weiterleben. Nach dem Krieg schufen sie euch eine neue Welt. Sie begann mit Adam und Eva in Eden. Weil sie darauf aufbauen konnten, schufen sie euch einen schönen Ort und einen guten Gott, den ihr hintergangen habt. Aufgrund dieser Schuld haben sie die Menschen der Erde gelenkt. Adam und Eva waren aber nie echte Menschen. Adam und Eva waren nur Gedanken, die sie euch eingepflanzt hatten, um auf dieser Grundlage die Zukunft der Menschheit zu beeinflussen. Sie lenkten den Blick auf einen Ursprung. Ihr seid alle aus einer Rasse. Ihr habt einen Urvater, ihr seid gleich und alles andere ist Zufall. Schon in der Vergangenheit wussten sie, dass ihr euch in der Zukunft von Gott abwenden, eigene Labore besitzen und eure eigenen Forschungen betreiben werdet. Sie haben das von Anfang an geplant, um euch zu verwirren, euch gegeneinander auszuspielen, damit Streitigkeiten entstehen. Alles was danach kommt, was ihr im Alten Testament lesen könnt, die Geschichten über Propheten – alles erfunden. Nur das, was sie übermitteln, entspricht einer höheren Wahrheit und einem höheren Bewusstsein.

Den psychologischen Weg gehen sie nur, damit ihr nicht merkt, das aus etwas Gutem etwas Böses entstehen kann.

Wie funktioniert die Maschine und wer kontrolliert sie? Die Maschine funktioniert nicht so wie eure Computer. Da sitzen keine Programmierer vor einen Bildschirm und bauen sich mit ein paar Mausklicks die wunderbarsten Welten. Man muss die Maschine mit Leben füttern. Dies kann nur geschehen, indem man die Welt und die Umgebung von innen, wie in unseren echten Welten, aufbaut. Aufgebaut wird mittels Vorstellungskraft. Hat man die Erkenntnis über die Maschine, kann man ihr ein Bild übermitteln. Berge, Flüsse, Pflanzen und Tiere. Dieses Bild formt sie in eine Illusion. Eine Illusion, die sich verdammt echt anfühlt, wenn man sich in der Welt befindet. Der Herr der Maschine würde tatsächlich als eine Art Gott wahrgenommen werden, falls ein Mensch ihm bei der Arbeit zusehen könnte. Es ist eine Tatsache, dass der Gott in euren Schriften die Welt in sieben Tagen erschaffen hat. Dies hat nur keiner gesehen. Bevor ein Mensch an die Maschine angeschlossen wird, löscht man ihm seine gesamten Erinnerungen. Nachdem man ihm seine Erinnerungen gelöscht hat, pflanzt man ihm neue Erinnerungen in den Kopf und setzt ihn in der Welt aus, die man ihm erschaffen hat. Sie haben euch einen Grundgedanken erschaffen, damit ihr glaubt, ihr würdet schon lange existieren. Sie gaben euch ein Grundwissen über Tiere und Pflanzen und ein Wissen über einfachste

Baukünste und den Umgang mit Werkzeugen. Dies sollte reichen, damit ihr beginnt, selbst zu kreieren, nur nicht mit euren Köpfen, sondern mit euren Händen. Fast alles, was eure Archäologen ausgraben oder finden, historische Schriften oder alte Städte unter dem Meeresboden, Knochenfunde von Dinosauriern und Urzeitwesen, sind nachträglich von ihnen in die Welt eingescannt. Wie schon beschrieben – sie bedienen sich der Gedankenschöpfung. Sie kennen den Code der Maschine, sie halten den Code der Zeit in ihren Händen. Eure Messgeräte werden immer das anzeigen, was zu erwarten ist.

Am Anfang entließen sie Hunderttausende von euch an unterschiedlichen Orten, die sich unabhängig voneinander entwickeln durften. Sie bevölkerten die Erde mit Menschen unterschiedlichen Aussehens. In Nord- und Südamerika Indianer, in Südafrika Dunkelhäutige, in Osteuropa und Nordasien die Slawen, und in Südasien die Chinesen. Australien gab es zu dieser Zeit noch nicht. Zu dieser Zeit war die Erde tatsächlich flach. Ihr wart einfach noch nicht so weit, um zum Rand zu gelangen. Hättet ihr es damals geschafft, wart ihr runtergefallen und wie aus einem Traum aufgewacht und befändet euch in der Realität auf Tara. Die Völker entwickelten sich unterschiedlich schnell. Die Afrikaner blieben in den Wäldern und Savannen. Die Indianer bauten einfachste Häuser aus Tierhäuten. Die Chinesen waren die Ersten, die Steinbauten erfanden. Die Slawen bauten Häuser in Form von Kuppeln wie auf Tara.

Da die Maschine nicht direkten Einfluss auf euch hatte, begannt ihr euch eure eigenen Götter vorzustellen. Mit der Zeit hatten alle Völker unterschiedliche Vorstellungen von Eden.

Die Maschine hat einen kleinen Fehler. Ihr seid Träger der Wahrheit in eurem Blut und eurer Seele. Sie können euch ein Bild in die Gehirne einpflanzen, doch die Erinnerung an Tara fließt durch eure Adern. Um diese Erinnerung einzudämmen oder zu vermischen, sammeln sie heutzutage Blut und nutzen jede Gelegenheit, eine Bluttransfusion durchzuführen! Durch diesen Fehler habt ihr euch Götter geschaffen, die ihr in Pflanzen, Seen, Steinen und der Sonne fandet. Alles Unerklärliche habt ihr Göttern und Geistern zugeschrieben und ihnen gedankt. Im Laufe der Zeit habt ihr die Welt in der Maschine zu einer kleinen Kopie von Tara, in jeglicher Hinsicht, umgestaltet. Dies gefiel Jahwe nicht und er war gezwungen, zu handeln. Er brauchte Energie und ihr seid die Energielieferanten. Ihr sollt euch ärgern, ihr sollt euch bekämpfen und Leid und Hass empfinden und nicht friedlich miteinander eine neue Welt erschaffen! Aus diesem Grund schuf er Könige, die euch führen sollten. Propheten, die euch den Glauben auferlegen, und Priester, die darauf achten, dass ihr den Glauben nach deren Vorstellungen lebt. Ihr musstet weg von der Vielgötterei, zum monotheistischen Glauben an den einen Gott. Das war die Geburtsstunde von Jahwe und den 10 Geboten! Obwohl er die zehn Gebote selbst hasste, brauchte er sie, um seine Ziele zu verwirklichen. Die Geschichte kennt ihr. Diese ist nur zu gut dokumentiert. Und Ich lege jedem nahe, auch wenn er nicht an die Bibel glaubt, sie sich einmal gründlich durchzulesen! Damit ihr die Entstehungsgeschichte nie vergesst, ließ man sie aufschreiben und erzählte sie euch immer und immer wieder. Die regierenden Könige wussten, woher sie stammten. Wenn ihr genau hinseht, merkt ihr, dass sie den Sonnenkult bis zur heutigen Zeit praktizieren. Dies seht ihr an den Bauten in Ägypten, Babylon und sogar an Gebäuden der heutigen Zeit wie in Washington, Rom, Moskau und anderen Städten.

JESUS UND DIE SLAWEN

Jesus ist auf Tara geboren und einer von unseren Aufklärern und Lichtbringern. Uns ist es gelungen, Jesus in die Maschine einzuschleusen. Er hatte nicht die Aufgabe, euren Glauben an Jahwe zu verändern, vielmehr konnte er euren Glauben für unsere Zwecke nutzen. Er hatte nicht die Absicht, euch zu verändern, denn was ihr glaubt, ist unwichtig; wichtig ist, wie ihr lebt, was ihr denkt, und vor allem, wie ihr fühlt. Er war kein Führer, sondern ein Lenker. Er hatte die Aufgabe, euch auf den richtigen Pfad zu lenken, um der Maschine entkommen zu können. Wie ist es uns gelungen, Jesus in die Maschine einzuschleusen? Dafür müsst ihr verstehen, wie eine Geburt durch die

Maschine funktioniert. Um eine Schwangerschaft zu simulieren, braucht man einen echten Körper, der mit der Maschine verbunden ist. Eine Seele kann nur in der Realität auf Tara in einen menschlichen Körper hinabsteigen. Euer echter Körper auf Tara muss schwanger werden und erst dann kann man eine parallele Illusion einer Schwangerschaft, in eurer Welt schaffen. Das heißt, der Körper der Frau auf Tara muss schwanger werden, bevor sie in der virtuellen Welt auf der Erde schwanger wird. Eine Frau auf Tara kann aber nur von einem Seelenverwandten geschwängert werden. Es würde gar nicht funktionieren, wenn sie nicht den passenden Partner findet. Noch viel schlimmer sogar: Sie und ihr Kind wären nicht in der Lage, zu überleben und sofort sterben. Der Körper der Frau würde den Fötus als Gift erkennen und Antikörper bilden. Die Antikörper würden den Fötus und die Frau vergiften. Auf Tara findet jedoch jeder seinen Partner, wenn es für ihn oder sie bestimmt ist, denn nichts geschieht hier zufällig. Wir werden im geschlechtsreifen Alter auf eine magische Art angezogen. Wir nennen es die magnetische Anziehungskraft der Liebe. Jede Seele hat eine eigene Frequenz. Bildlich vorstellen kann man sich die Seele wie ein leuchtendes Zahnrad. Die Seele kann man nicht kopieren. Sie ist da und wartet nur auf einen Körper, den sie bestimmt hat. Sie wartet solange, bis sie die richtige Mutter gefunden hat. Erst dann kann sie inkarnieren oder neu geboren werden. Die Gebärmutter ist das passende Zahnrad, dass sich die Seele ausgesucht hat. Den Schlüssel bietet die Mutter. Die frischverkörperte Seele muss wie ein Zahnrad mit der Seele der Mutter übereinstimmen, die Bewegung der beiden Lichter in Kooperation lässt die Seele in einem Körper erwachen. Da die Körper an der Maschine permanentem Stress ausgeliefert sind, schuf man jeder Frau eine künstliche Gebärmutter, mit dem exakten Gen-Code der Mutter. Jedes Embryo würde sonst nicht überleben können. Denn durch diese Kräfte, die euer Körper an der Maschine erleidet, überlebt ein Embryo nicht. Erst kurz bevor ein Embryo zu einem Baby heranwächst, verbinden sie es mit der Maschine. Nun wird ihm gleichzeitig eine Illusion durch den Schmerz der Geburt und die Nähe zur Mutter geschaffen, dass er wahrhaftig lebendig zu sein scheint. Jetzt kehren wir zu Jesus zurück! Maria ist auch auf Tara geboren. Sie flog eine unserer Flugscheiben. Man hat sie auf Tara gefangen genommen, als sie den letzten aussichtslosen Angriff führte, den Schutzwall von Atlantis zu zerstören. Um Atlantis wehrlos zu machen, musste sie so nah wie möglich an die Kontrollpyramide heranfliegen; dabei zog sie eine Anziehungskraft an und sie geriet in Gefangenschaft, ohne Atlantis einen Schaden zuzufügen. Sie wurde wie jeder andere Gefangene fest mit der Maschine verbunden. Es ist uns gelungen, Maria zu lokalisieren. Da sie verheiratet war und ihr Ehemann mit uns geflohen ist, konnten wir sein Sperma in der künstlichen Gebärmutter von Maria platzieren. Als der Junge geboren wurde, mussten wir ihm das Wissen telepathisch übermitteln. Er war ein Sprachrohr von uns zu euch. Jesus hat nicht die Lehre Jahwes verbreitet, sondern die Lehre Taras. Würdet ihr euch alle an seine Lehren halten, könntet ihr erwachen, weil die Maschine nicht mehr genügend Energie erhalten würde, die ihr durch schlechte Emotionen produziert. Nun fragt ihr euch sicherlich, was mit Jesus geschah. Warum hatten sie ihn gekreuzigt? Die Antwort darauf: Jesus starb nicht am Kreuz. Er ist auch nicht in Bethlehem geboren und schon gar nicht in Israel. Jesus wurde in Osteuropa geboren und verbreitete seine Lehren bei den Slawen. Atlantis musste ihn auch erst lokalisieren, bevor sie ihn abschalten konnten. Das hat einige Zeit gedauert. Priester ermordeten ihn auf der Erde. Wir waren bereit und als er aufwachte, holten wir ihn zu uns.

Die Slawen waren nahe dran, sich ein Leben aufzubauen, wie es auf Tara üblich war. Sie lernten ihre Gefühle in den Griff zu bekommen. Sie machten ähnliche Gesetze und lebten in Einklang mit der Natur. Die Entwicklung der Slawen ist durch das Einschleusen von Jesus in die falsche Richtung gegangen; dies mussten sie drehen, damit sich die Lehren nicht auf der gesamten Erde verbreiteten. Wie schon beschrieben, konnten sie nicht einfach auf einen Knopf drücken und alles rückgängig machen, denn eine Korrektur kann nur von innen eingeleitet werden. Nun haben die slawischen Völker am Drehbuch Erde mitgewirkt, sie hatten eine Ära, sie haben Geschichte geschrieben, den Aufbau der Erde mit kreiert. Was ist passiert, dass nichts über die Slawen bekannt ist? Wie bei den Ägyptern, Chinesen, Maja, Inka oder anderen Völkern? Die Atlanter höchstpersönlich ließen sich auf der Erde nieder. Von West- bis Osteuropa und weit nach Asien jagten die Krieger von Atlantis das slawische Volk. Die Slawen hatten gegen diese Übermacht nicht die leiseste Chance zu überleben. Nur das slawische Volk in der Sahara konnte eine Zeit lang der Übermacht von Atlantis standhalten. Damals war die Sahara ein fruchtbares Land, wo ein Teil von den Slawen sesshaft war. Dort bauten sie drei Pyramiden, die die drei Monde Taras symbolisieren. Sie waren dabei, sich langsam wieder zu erinnern. Die Pyramiden nutzten sie als ein Tor zu unseren Basen. In ihnen hatten sie Sarkophage, aus denen sie Kontakt mit uns aufnehmen konnten. Sie sollten unsere Kräfte in eurer Welt sein, um euch alle zu erwecken. Doch gegen die Hochtechnologie aus Atlantis waren auch sie unterlegen. Die Atlanter durchzogen die Gebiete als Erstes mit chemischen Waffen und versetzten alle Menschen in einen Tiefschlaf, ohne sie zu töten. Die schlafenden Menschen sammelten sie auf Mutterschiffen. Dort verwendeten sie genveränderte Substanzen, die den Zugang zu ihren Seelen blockieren sollten. Die Körper, die an der Maschine angeschlossen waren, konnten sie nicht genetisch verändern. Denkt an die Seele, die wie ein leuchtendes Zahnrad den passenden Körper sucht. Sie würde den Körper wieder verlassen oder der Körper wäre bewegungs-

und denkunfähig. Jegliche Erinnerung sollte aus den Köpfen der Slawen verschwinden. Die Städte und Dörfer wurden durch die Unterstützung von atlantischen Flugobjekten mit Lasern und Schallwaffen zu Staub zerbombt. Als nichts mehr übrig blieb, weder Wiesen, noch Bäume, konstruierten sie das gesamte Gebiet neu. Bis auf die Sahara! Dort findet ihr immer noch Überreste dieser Zivilisation, bloß ein wenig verändert. Wenn sie euch erlauben würden, weiter in der Sahara zu graben, würdet ihr noch so einige Überraschungen entdecken. Unter dem Sand befinden sich riesige Städte und ein Kanalsystem, das quer durch Afrika verläuft. Eine Stadt ist Atlantis sehr ähnlich, doch diese ist nur ein Abbild und nicht das Original. Falls sie euch eines Tages doch erlauben, Atlantis auf eurer Erde zu finden und es den Ägyptern zuschreiben, glaubt ihnen kein Wort. Sie werden damit versuchen, Baal als Gottkönig zu preisen und euch eine neue Religion schaffen. Wahrscheinlich blieb die Sahara deshalb unzerstört und wurde unter Sand vergraben! Im Norden wurde das Klima kälter und rauer. Die Slawen sollten keine Gelegenheit haben, sich wieder in die Richtung zu entwickeln wie vor der Schlacht. Einige wenige flohen vor der Apokalypse und konnten sich in den großen Bergen und Tälern des Himalajas verstecken. Die Erinnerung ist bis heute in den indischen Texten gut erhalten geblieben. Nachdem Europa hergerichtet wurde, siedelten sie die Menschen dort wieder an. Damit sie nicht verwirrt durch die Gebiete liefen, wurden für sie einfachste Dörfer aus Holz aufgestellt. Ihnen wurde eine Erinnerung an eine Vergangenheit in die Köpfe gepflanzt, die nie existiert hatte. Das Römische Reich und das frühe Mittelalter hat so wie beschrieben nie stattgefunden. Die Erinnerungen an das Römische Reich und das frühe Mittelalter haben sie euch in die Köpfe gepflanzt und ihr habt daraus eure Bücher geschrieben. West- und Südeuropa waren kaum besiedelt, mit Ausnahme einiger kleinen Dörfer. Die geflohenen Slawen versuchten sich in Nordafrika und im Nahen Osten wieder anzusiedeln, doch die schwarzen Rassen haben sie schnell eingenommen und vermischten sich mit ihnen zu der arabischen Rasse. Diese war Jahwe sehr treu. Blutig sagten sie der Vielgötterei ab und huldigten nur dem einen Gott. Die Araber breiteten sich schnell über Spanien, Italien und Griechenland bis in die Gebiete des heutigen Frankreichs und Deutschlands aus. Bis zur Elbe und an die Nordsee vermischten sie sich auch mit den dortigen Slawen. Unter ihnen lebten Priester und Könige. Diese waren Atlanter mit voller Erinnerung an Atlantis. Sie hatten die Aufgabe, die Entwicklung der Menschen zu kontrollieren und zu leiten. In allen Völkern traten sie als Priester, Könige, Schamanen und Gurus auf. Sie verwirrten die Menschheit mit erfundenen Religionen und Göttern, nur um sie gegeneinander zu hetzen. Sie selbst ehrten die Sonne wie auf Tara, nur dass sie Jahwe mit ihr in Verbindung gebracht hatten. Nachdem sie die Kontrolle über die Menschen erzwungen hatten, bauten sie riesige Tempel und Anlagen, in denen sie die Menschen versammeln konnten. Europa bekam seine eigene Religion. Aus Angst, dass die Erinnerung an Jesus eines Tages zurückkehren könnte, baute man in Europa riesige Kirchen und Kloster und gab Jesus einen neuen Anstrich. Nun verbreiteten sie die Lehren Jesu, im Namen von Jahwe selbst, unter den Slawen. Der Vatikan in Rom entstand, nachdem Jesus ermordet worden war. Von dort aus sollte sich das Neue Testament über ganz Europa ausbreiten. Im Vatikan werden der Papst und einige Bischöfe nicht gewählt! Sie spezialisieren sich auf Tara, bevor sie auf der Erde geboren werden, um zu herrschen. Auch im Vatikan ist der wahre Glaube dieser Insider deutlich am Sonnenkult sichtbar. Sie dienen nicht Jesus. Jesus ist ihr größter Feind. Er ist ihnen so verhasst, dass sie einen Kult erschaffen haben, ihn in jedem scheinheiligen Gottesdienst ans Kreuz zu nageln und den Sieg Satans über Jesus zu feiern. Mit der Kreuzigung gaben sie der Menschheit eine lebenslange Schuld, die von Generation zu Generation weitergegeben wird. Durch die Auferstehung gaben sie den Menschen eine Hoffnung und präsentierten die Macht Jahwes. Das Einschleusen der Atlanter auf der Erde war ein voller Erfolg gewesen, denn nun können sie die Völker nach Belieben lenken. Der Ertrag der Maschine ließ sich dadurch noch steigern. Um noch mehr aus der Maschine herauszuholen, lebten immer mehr Atlanter unter euch. Sie teilten sich die Erde in viele Königreiche und Provinzen auf. Sie führten Kriege untereinander, um mehr Angst zu säen. Denn Angst, ja panische Angst, lässt die Energie sprießen. Den Papst machten sie zum Vertreter Gottes auf Erden und er war für die ganze Welt zuständig. Er war der Feldherr gegen die Ostslawen, die hinter der Elbe lebten. Die Ostslawen hatten nach dem großen Krieg ein schweres Leben. Technologisch nicht besonders hoch entwickelt, lebten sie in Bauten aus Holz und vielen kleinen Dörfern, weit voneinander getrennt. Obwohl das Leben nicht einfach für sie war, konnten sie sich gut damit arrangieren. Sie führten im Vergleich zu den anderen Völkern ein sehr ruhiges und bescheidenes Leben. Das riesige Gebiet sollte aber nicht ungenutzt bleiben. So ließen sich Könige auf dem Gebiet der Slawen nieder, deren Priester das Volk christianisierten und das Land nach deren Vorstellungen bauten. Am Anfang wehrte das Volk sich noch, doch sie waren viel zu unterlegen und nahmen schließlich die neue Religion an. Die Dörfer bildeten sich zu großen Städten und Ländern. Beherrscht von Atlantern aus Tara, die Gefallen an ihrer neuen Rolle hatten. Mit harter Hand wurde geherrscht. Sie ließen sich Gesetze einfallen, um die Menschen immer mehr einzuschränken. Untereinander führten sie fürchterliche Kriege, besetzten Länder und vergrößerten ihre Gebiete. Die Menschen hielten sie in Angst und auf ärmlichem Niveau. Selbst lebten sie in Reichtum. Der Vatikan beherrschte die Könige und Fürsten und diese die Menschheit. Um die Menschenmassen in Bewegung zu halten, führten die Fürsten und Könige eine Art Handel zwischen den Völkern ein. Die Menschen sollten arm, aber nicht ohne Hoffnung bleiben. Kreative Menschen konnten nun Waren, die sie hergestellt hatten, an andere Menschen weitergeben. Dadurch entstand eine Art Tauschhandel. Doch das Tauschen von Waren machte die Menschen zufriedener. Sie hatten kaum Streitpunkte! Um dies zu unterbinden, wurde Gold zum Zahlungsmittel. Mit dem Gold verlor die Bevölkerung die Macht über den Wert der Waren. Das Gold wurde zu Münzen und die Münzen zu Scheinen. Jeder wollte nun für seine Waren Gold haben, von dem er sich etwas kaufen konnte. Dadurch entstand eine noch nie dagewesene Gier und ein Neid unter der Bevölkerung. Jeder rannte nun den glänzenden Steinen blind und ohne Rücksicht auf andere hinterher. Somit bildeten sich mehrere Gesellschaftsstufen. Die einen bitterarm, die anderen hart arbeitend, für die Könige und Fürsten, und andere wiederum immer reicher. Neid und Missgunst breitete sich unter den Menschen aus. Die Armen wollten nicht mehr arm bleiben und die Reichen wollten immer reicher werden. Da das Gold schwer und rar wurde, führte man kurzerhand ein neues Geschäftsmodell ein, alles natürlich unter der Kontrolle wissender Atlanter. Die ersten Banken entstanden, wo die Menschen das Gold in wertlose Metalle und noch wertlosere Scheine umtauschen konnten. Auch wer nichts besaß, nur seine Arbeitskraft, konnte sich in den Banken verschulden, indem er sich durch seine Arbeitskraft für jemanden prostituierte. Damit er sich nicht aus der Prostitution befreien konnte, entstand ein Zinssystem und dadurch ein Sklavensystem auf scheinbar freiwilliger Basis. Ein System, aus dem sich die Menschheit bis heute nie befreien sollte. Die Ersten, die das erkannten, waren die Westslawen. Das Gold nannten sie kurzer Hand ZLOTO. Wörtlich übersetzt: Böse es! Doch gegen den Run auf das glänzende Metall waren auch sie machtlos. Durch den Erfolg des Geldes brauchte man keine Könige und Fürsten mehr. Das Geld unter der Kontrolle von Banken, die Banken unter der Kontrolle des Vatikans machten Könige und Fürsten überflüssig. Die Maschine hatte aber auch Einfluss auf die Atlanter, die nicht auf ihre Rolle verzichten wollten. Sie begannen sich nun gegenseitig zu bekämpfen, wobei die Macht des Geldes sich wie bekannt durchsetzen konnte. Um weitere Schlachten untereinander zu unterbinden, führten sie einen Kreis der Allwissenden ein. Die Illuminati! Von ihnen entstanden immer mehr Logen, die sich gegenseitig überwachten. An der Spitze der Vatikan, der alles kontrollierte. Unter ihnen die allwissenden Freimaurer, die dem Satan huldigten. Darunter die Banken, die wiederum von Freimaurern dominiert wurden. Das Volk sollte sich zum Schein selbst kontrollieren. Unter den Menschen wurden Wahlen organisiert. Das erste politische System entstand. Selbstverständlich halten die Atlanter die Zügel in der Hand. Die Spitze der Politiker besteht aus teilweise wissenden, aber auch aus unwissenden Atlantern, die der Machtgier verfallen sind. Wichtig ist, die Menschen glauben zu lassen, sie hätten ein Mitbestimmungsrecht. Um dies zu erhalten, können sie sich selbst in Politik, Kirchen, Banken und der Wirtschaft einbinden. In der Politik entstanden unterschiedliche Parteien mit unterschiedlichen Ansätzen. In Wahrheit dienen diese Parteien nur dazu, einen Keil zwischen den Menschen zu etablieren, damit diese sich weiter untereinander verfolgen und bekämpfen. Die Menschheit in der Maschine verfällt in einen immer tiefer werdenden Schlaf. In der Tat lassen die körperlichen Qualen immer mehr nach. Das hat nur damit zu tun, dass die Maschine andauernd verbessert wird. Ihnen ist es gelungen, durch die Maschine Einfluss auf das Bewusstsein der Seele zu nehmen. Ihr seht es an den immer steigenden psychischen Problemen, die sich in der Bevölkerung einschleichen. Sie schafften es, nicht nur den Körper an der Maschine zu quälen, sondern nun auch die Seele. Was den Ertrag nochmals steigerte!

DER WEG ZUR NEUEN WELTORDNUNG UND UNSER EINFLUSS

Die Politikerkaste, geschaffen, um die immer größere Menge an Sklaven zu lenken und in Schach zu halten, führt euch ein Theater vor, dem viel zu viele leider immer mehr verfallen. Sie versammeln sich in unterschiedlichen Parteien zusammen und behaupten, sie würden euer Leben verbessern. In Wahrheit nehmen sie euch aus und rauben euch die letzten vorhandenen Freiheiten. Als Erstes bauen sie eine These auf, um euch auf ihre Seite zu bringen. Nehmen wir den Nationalsozialismus – hat die Mehrheit diese These aufgeschnappt, bauen sie eine Antithese auf. Hierzu nehmen wir den Kommunismus, nun hetzen sie die Bevölkerung, die die These aufgeschnappt hat, auf die Bevölkerung der Antithese. Sie schaffen Chaos und aus diesem Chaos schaffen sie eine neue These und behaupten wiederum, euch nur zu helfen. Müde vom Chaos, meistens in Form von Kriegen und fürchterlichen Schlachten, erklärt ihr euch bereit, jede erdenkliche Erneuerung anzunehmen. Koste es, was es wolle! Nun schaffen sie euch Gesetze, Rechte und Pflichten, die ihr alle unterschreibt, nur um nicht nochmals im Chaos zu versinken, ohne zu merken, dass ihr dadurch immer mehr eingeschränkt werdet. Nach dem Chaos lassen sie euch eine gewisse Zeit in Frieden leben, damit ihr euch in Sicherheit fühlt. Den nächsten Sturm planen sie mit einer neuen These. Die Zeit des Friedens versüßen sie euch mit

Brot und Spielen, in Form von Sport und Unterhaltungsmedien, Kneipen, Partys und Reisen. Heute spielen die Medien die größte Rolle. Durch das Erfinden von Radio und Fernsehen haben sie nun Zugang zu jedem von euch. Der Fernseher dient nicht zu Unterhaltung. Er dient tiefenpsychologisch! Durch das Fernsehen kommunizieren sie mit eurem Unterbewusstsein. Euer Unterbewusstsein ist euer Mechanist, der den Körper lenkt. Er wacht über die Körperfunktionen, er steuert die chemischen Prozesse, leitet Impulse in eurem Gehirn. Das Unterbewusstsein ist für eure Reaktion zuständig. So könnt ihr blitzschnell auf eine Aktion reagieren, die ihr von außen aufnehmt. Auf diese Reaktion haben sie nun durch das Fernsehen die Kontrolle über das Unterbewusstsein erlangt. Sie bieten ihm Aktionen an und direkte Lösungen, wie es reagieren soll. Wenn ihr einen spannenden Film schaut, merkt ihr nicht einmal, wie euer Unterbewusstsein geschult wird. Besonders wenn ihr tiefenentspannt, nahezu hypnotisiert vor der Glotze hängt, wird das Unterbewusstsein wie ein Uhrwerk eingestellt. Früher mussten sie die Massen in Kirchen, Synagogen und anderen Einrichtungen schulen, in denen sich alle versammelten. Heute versammeln sich die Massen freiwillig vor dem Fernseher. Gab es früher noch viele Individuen, so gibt es heute nur noch wenige. Das Ziel ist es, euch zu einer Masse mit nur einer vorherrschenden Meinung zu bilden. Die Massen sollen zusammen quasi einen Supermenschen bilden. Die Gleichschaltung der

Menschen ist im vollen Gange. Dafür sind die ersten Jahre eures Lebens besonders wichtig. Die ersten Lebensjahre sind entscheidend, wie ihr den Rest des Lebens verbringt. In den ersten Lebensjahren werden die Schaltkreise in eurer Zentrale, im Gehirn hergerichtet. Es werden Straßen mit Auf- und Abfahrten, Brücken und Leitschildern gebaut. Sie möchten, dass diese Straßen nicht mehr von euren Eltern mitgestaltet werden, sondern durch fremde, natürlich selbst gehirngewaschene Individuen. Dies ist besonders wichtig, dass ihr es versteht, damit ihr nicht gänzlich die Kontrolle über euer Sein verliert. Gebt eure Kinder nach der Geburt nicht in irgendeine Kita. Sie reden euch ein, die Kita sei gut, um euch zu helfen, da sie euch eine gewisse Freiheit gebe. Ihr könnt Geld verdienen, um euren Kindern in Zukunft etwas bieten zu können. Das sind alles scheinheilige Ausreden, damit ihr eure Kinder abgebt, damit sie sie in die gewünschte Richtung manipulieren können. Jedes Wesen besitzt natürlich bei der Geburt einen gewissen Kontakt zu seiner Seele. Es bringt wie jedes andere Wesen das Wissen über Tara mit sich. Dies geschieht über das zentrale Nervensystem und über das Unterbewusstsein. Um die Verbindung des Unterbewusstseins mit der Seele schon frühkindlich zu unterbinden, führten sie Impfungen ein. Je früher sie impfen, desto erfolgreicher die Störung. Euch sagen sie, es diene der Gesundheit, und spielen mit der Angst. Einen feinen Nebeneffekt haben die Impfungen für einige Urlauber von Tara, die zwischen euch leben und hier etwas

Zeit verbringen. Für die Medikamente erhalten sie viel Geld und können das Leben genießen. Aber dazu auch etwas später. Die Impfungen spielen aber auch eine andere wichtige Rolle. Die Kapazität der Maschine hat auch ihre Grenzen und diese sind mittlerweile erreicht. Je näher sie an die Kapazität gelangen, desto weniger von euch brauchen sie. Das Problem, was sie jetzt haben, ist die Überbevölkerung. Die Impfungen wirken in Zukunft störend auf die Fruchtbarkeit und somit bremsen sie den Prozess der Überbevölkerung. Die schönen Steinchen, die sie sich in Amerika zur Erinnerung aufgestellt haben, zeugen von der Kapazität der Maschine, die sie benötigen, um auf Tara existieren zu können. Nun würdet ihr sagen: Ist doch gut, je weniger sie von uns brauchen, desto mehr von uns können erwachen. Dem ist leider nicht so. Was macht ihr, wenn die Batterie eures Spielzeugs leer wird? Ihr wechselt sie! Wenn das Spielzeug aber nicht mehr gebraucht wird, wenn die Batterie ausgeht, kauft ihr euch ein Besseres und das Ausgediente werft ihr weg. Genau das geschieht mit euch, wenn ihr ausgedient habt! Deswegen haben wir euch nie im Stich gelassen. Wir haben zwar den Krieg auf Tara verloren, doch Tara aufgegeben haben wir nie. Gelingt es uns, euch aufzuwecken, können wir den Krieg noch gewinnen. Unsere einzige Chance, den Krieg zu gewinnen, ist, euch in der Maschine wachzurütteln. Nur wenn ihr euch bewusst werdet, dass das, was ihr alles erlebt, in Wahrheit nur eine Illusion ist, könnt ihr auferstehen. Jetzt fragt ihr euch sicherlich auch, warum sie euch nicht einfach abstellen und töten. Dies haben sie versucht, als die Maschine noch weit vor der Kapazitätsgrenze lag. Sie wollten wissen, wie ihr reagiert, wenn plötzlich viele auf einmal sterben. Die Pest erlegte fast ¾ der Population Europas. Die Reaktion war so heftig, dass sie euch alle nicht in Trance halten konnten. Nun kitzeln sie euch noch mit ein paar Kriegen und einigen Millionen Toten. Diese wären überflüssig, wenn nicht das Problem mit der Überbevölkerung wäre. Wie schon vorher beschrieben, arbeitet die Maschine mit psychischen Qualen viel erfolgreicher. Wir hoffen, dass ihr versteht, dass die Zeit knapp wird. Ihr fühlt euch in Frieden, dabei haben sie in den letzten Jahren so viele Menschen getötet wie noch nie zuvor, ohne dass die Maschine nur einen Mucks gezeigt hat. Hitler, Stalin und Mao, um bei einigen wenigen zu bleiben, haben nur einen Bruchteil von dem ausgelöscht, was ihr jetzt erlebt, aber diesmal nichts davon merkt, weil ihr euch im Tiefschlaf befindet. Aus diesem Tiefschlaf versuchen wir, euch nun zu erwecken, bevor noch mehrere Milliarden umgebracht werden.

Uns gelingt es immer besser, uns in die Maschine einzuschleusen. Wir wollen uns nur nicht so einfach vor der ganzen Welt zeigen. Dadurch würden sie unsere Basen um Tara herum aufdecken und für euch hätte es unkalkulierbare Folgen. Dies könnte unter euch einen Schock auslösen, durch den wahrscheinlich die Maschine und ganz Tara explodieren würden. Ihr merkt, dass wir ganz vorsichtig agieren müssen. Selbst wir können nur vermuten, wie unser Einfluss auf die Maschine enden kann. Solange die Maschine läuft, führen wir die Schlacht um Tara gegen Atlantis ausschließlich auf der Erde. Auf Tara sind wir chancenlos. Atlantis ist immer noch zu mächtig, um von uns angegriffen zu werden. Wenn sie die Energie verlieren, die ihr ihnen bietet, stehen wir bereit, um uns Tara zurückzuholen. Das Internet ist unsere Erfindung und gleichzeitig unsere Chance, viele von euch zu erreichen. Dieses Medium steht in der Kritik, weil sie merken, sie könnten dadurch die Kontrolle über euch verlieren. Nun ist es nun mal da und sie können es nicht so leicht loswerden. Es bleibt ihnen nur übrig, auch Einfluss auf das Internet zu nehmen wie auf alles andere. Doch einfach wegnehmen können sie euch das Internet auch nicht. Die Massen würden wie Drogensüchtige auf Entzug reagieren. Wir sind froh, dass sie nicht frühzeitig bemerkt haben, was das Internet für ein Ausmaß haben wird. Mittlerweile benutzen Milliarden von euch diese Droge. Sie wagen es einfach nicht, euch dieses Medium abzuschalten, weil sie die Auswirkung, wie ihr darauf reagieren werdet, nicht ausrechnen können. Das Medium nutzen wir nun mit eurer Hilfe, um viele von euch sanft aufzuwecken. Viele von euch haben Bücher und Filme veröffentlicht, die durch unseren Kontakt zu euch verwirklicht wurden. Unsere Armee in eurer Welt wird immer größer und expandiert. Diese Kämpfer können nun schneller unsere Informationen an das Volk bringen. Wie alles auf der Welt hat das mit

Glaubwürdigkeit zu tun und um unsere Glaubwürdigkeit zu unterbinden, wird alles schlecht- oder totgeredet. Ob es Heilpflanzen sind oder UFOS, alles versuchen sie, schlechtzureden. Umgekehrt versuchen wir es mit dem, was sie Wahrheit nennen. Uns ist es gelungen, den Spieß umzudrehen. Vom Gejagten wurden wir zu Jägern. Wir schaffen eine Aktion, sie reagieren. Früher schafften sie Aktionen und wir reagierten. Wir sorgten dafür, dass ihr euch technologisch weiter entwickeln konntet, um leichter zu euch durchzudringen. Sie gaben euch nur Technologie, um euch besser ausbeuten zu können. Mit den Ufos brachten wir Technologie zu euch. Mit dem Erscheinen der Flugobjekte am Himmel reizten wir euer Bewusstsein. Ihnen bleibt nichts anderes übrig als das Thema zu verspotten. Dadurch können sie die Technologie, die wir euch geschenkt haben, unterdrücken. Wenn sie das nutzen würden, was wir euch mit den Flugscheiben bringen und brachten, wärt ihr wahrscheinlich schon längst wach. Dennoch müssen wir, aber auch ihr sehr vorsichtig sein. Wir haben die Aktion der sichtbaren Flugobjekte in die Welt gesetzt und sie reagieren ebenfalls mit Flugobjekten. So wird es für euch in Zukunft nur schwer, zu unterscheiden, welche der Objekte unsere und welche ihre sind. Nur ihr könnt den Bann brechen, indem ihr euch Wissen aneignet. Wissen, was wir euch über Generationen übermittelt haben. In Büchern und Geschichten, in Sagen und Mythen. Ihr braucht Wissen und wir brauchen euch, aber denkt dran, auf all das Wissen, was wir unter euch verteilt haben, beziehen sich Antithesen. Nur ihr könnt entscheiden, was richtig ist. Hört auf eure Intuition! Euer Bauchgefühl ist nicht so leicht formbar. Ihr befindet euch in einer Zeit im Endkampf. Schmeißt alle Geräte, die euch zur Verfügung stehen, raus! Hört nicht, was sie euch über den Fernseher und über die Radios sagen. Versammelt euch und redet miteinander. Lasst euch nicht von politischen Systemen beeinflussen. Keines der Systeme dient euch. Wir haben zwar einen gewissen Einfluss auf einige Gedankenzüge einiger Politiker, aber wir können keinen von ihnen leiten. Schon gar keine Gruppierung. Wir können nur leichten Einfluss auf Politiker, Reiche, Banker und andere Eliten nehmen, die sich nicht bewusst sind, dass sie von Tara kommen. Nicht alle Eliten sind Atlanter oder Urlauber von Tara, aber seid dennoch vorsichtig, denn die meisten von ihnen sind Urlauber, die ihre Zeit unter euch genießen wollen. Woran erkennt ihr sie?

DIE URLAUBER UND ATLANTER
AUS TARA

Die Urlauber sind Atlanter von Tara, die, wie der Name schon sagt, unter euch Urlaub machen. Sie wollen nur Spaß haben, etwas Neues erleben und kennenlernen. Sie sind unter ihnen am leichtesten zu erkennen. Das sind all diejenigen, die euch bespaßen sollen, die euch ein Gefühl der Freiheit bieten, aber das sind auch diejenigen, die einen besonderen Einfluss auf euch haben. Das sind die Schauspieler, Künstler, Sportler und Musiker. Jetzt stürzt euch nicht auf sie! Sie selbst sind sich dessen nicht bewusst. Hört einfach auf, euch von ihnen bespaßen zu lassen. Nehmt sie euch nicht zu Vorbildern. Denn dies ist nur eine Illusion, die euch an der Kette halten soll. Hört auf, ihre Musik zu hören. Es wird euch schwerfallen, es zu glauben. Aber die Musik, die ihr hört, ist besonders gefährlich. Denn sie baut Emotionen auf, die ihr nicht kontrollieren könnt. Die Musik ist eines der schlimmsten Werkzeuge, die genutzt werden, um euch in Trance zu halten. Sie zeigen euch in ihren Texten, welchem Geistessohn sie angehören. Wenn ihr schon hinhören wollt, dann hört richtig. Auch wenn sie liebevolle Texte verwenden, beeinflussen sie euer Bewusstsein, weil sie Frequenzen nutzen, die für eure Ohren nicht hörbar sind. Die Top-Elite der Sänger huldigt meistens Satan, indem sie die Zeichen der Erleuchteten tragen und in ihren Texten von Freiheit, Frieden und Licht singen. Schaut euch genau ihre Videos an und lest ihre Texte. Ihr werdet erkennen, dass sie über Frieden singen, aber Hass säen.

Die Schauspieler sind auch Urlauber, die in eine Rolle schlüpfen, die sie wohl auf Tara gerne hätten. Sie sollen euch über das Fernsehen die Gefühle beschreiben, die ihr erlebt. Diese erklären sie euch in Form eines schlichten Schauspieles. Ihr sollt die Gefühle nicht so deuten, wie es die Natur vorgesehen hat. Ihr sollt sie so deuten, wie sie euch übermittelt wird. Meistens übermitteln sie genau das Gegenteil der Realität. Sie zeigen euch vor, wie ihr bei gewissen Situationen handeln sollt. Ihr kopiert das Handeln der Schauspieler, weil sie euch einen Moment des Wohlfühlens geben, während ihr vor der Glotze hängt. Unbewusst versucht ihr, ihr Verhalten zu kopieren. Ihr versucht, das zu erreichen, was sie euch vorgespielt haben. Krankhaft versucht ihr so zu werden wie die im Fernsehen. Ihr kleidet euch wie sie, ihr trägt dieselben Frisuren, versucht wie sie zu sprechen, versucht so zu leben, wie sie es euch vorgespielt haben. Weil ihr ihnen so hinterhereifert, ihnen Glauben schenkt, aber dies nie erreichen könnt, leidet ihr unter schweren psychischen Folgen.
Die Sportler vereinigen viele von euch in einer Gruppierung. Sie übermitteln, dass jeder mit ein bisschen Können und hartem Training ein großer Star werden kann. Egal, wo er geboren wurde. Ob reich oder arm. Jeder kann mit Sport etwas erreichen. Diejenigen, die im Sport nichts

erreicht haben, weil sie nichts erreichen sollten, versammeln sich entweder zusammen in einem Stadion oder einer Kneipe und pushen ihre ausgewählten Helden durch Gebrüll und Besäufnis nach vorne. Eigentlich wollte ich hier nicht urteilen, aber diese Menschen haben wir wohl für immer verloren. Zu ihnen wird nichts mehr durchdringen. Diese Menschen identifizieren sich so sehr mit ihrer Mannschaft, dass das Leid nach einer Niederlage so groß ist, dass sie sogar über Leichen gehen würden. Psychische Schmerzen wandeln sie um, indem sie anderen physische Schmerzen zufügen. Oftmals versammeln sie sich in Stadien und randalieren oder versammeln sich nach dem Spiel auf einem Schlachtfeld, um sich zu prügeln.

Die Künstler sind eine breit verteilte Gruppe. Sie verbringen ihre Zeit meist mit sich selbst, nehmen kaum direkten Einfluss auf die Massen. Weil sie aber so weit verbreitet sind, können sie viele Schläfer unter euch binden. Schläfer sind diejenigen unter euch, die sehen, dass hier etwas anders läuft, als behauptet wird. Künstler ziehen sich zurück und suchen in der Kunst den Weg der Freiheit. Sie sind aber fest davon überzeugt, dass der Sinn des Lebens hier auf der Erde oder im All zu finden ist. Die Künstler haben die Aufgabe, euch Menschen zu verwirren. Sie geben euch sogar einen kleinen Einblick in die Illusion. Die Illusion verwenden sie jedoch für ihre Zwecke. Sie demonstrieren für Minderheiten, schützen das Klima, kämpfen gegen die Zerstörung der Umwelt und bilden den Menschen neu. Obwohl sie selbst Menschen sind, hassen sie die Menschen regelrecht. Sie geben dem Menschen die Schuld an allem, was in ihren Augen schlecht ist. Menschen, die auf der Suche sind, finden meistens bei ihnen Halt. Sie sollen den Menschen ruhig vermitteln, dass etwas anders ist. Ziel ist es, der Menschheit zu vermitteln, dass sie selbst an ihrer Situation die Schuld tragen. Die Künstler sind meistens auch die Vermittler eines schlechten Gewissens. Sie zeigen in Kunst und Kultur, wie schlecht es anderen Völkern geht und wer die Schuld daran trägt. Nämlich der Mensch selbst. Viele von euch fassen schnell Vertrauen zu ihnen und bringen die Kunst auf die Straßen. Sie wollen etwas Gutes erreichen. Aber aus dem Guten entstehen meistens sehr unruhige Zeiten. Motiviert durch Kunst und Kultur stürzen Menschen sogar Regierungen. Was meistens zu nur noch mehr Leid führt. Dies wird aber zu gern verschwiegen. Zu den Urlaubern gehören auch kleine Politiker, die die Gesetze von oben unter den Völkern kontrollieren. Sie sind meistens Oberbürgermeister, Bürgermeister, zum Teil auch treue Regierungsmitglieder, die selbst nicht wissen, was sie beschließen. Sie tun es einfach! Das sind meistens Bürger von Tara, die uns verraten haben und jetzt unter euch ihr Gewissen beruhigen. All den Gruppen könnt ihr keine Vorwürfe machen. Sie leben zwar unter euch, führen ein recht angenehmes Leben, haben aber auch wie ihr keine Ahnung, was die Wirklichkeit ist. Das, was wir euch erzählen, könnt ihr nicht mit Gewalt unter euch lösen. Ihr könnt euch nur mit Argumenten gegenseitig die Augen öffnen. Wir betrachten die Urlauber auch als große Hoffnung. Sie sind es, die den Massen die Augen öffnen könnten. Daher ein Appell an alle Urlauber, die sich selbst auf der Suche nach der Wahrheit befinden: Wenn ihr das lest, denkt darüber nach und verteilt es unter der Bevölkerung. Ihr habt direkten Zugriff auf die Menschheit. Wir schenken euch unser volles Vertrauen. Ihr seid Atlanter, genau wie wir. Habt auch keine Angst, denn sie können euch nichts antun, wenn ihr auf Tara erwacht. Sobald ihr uns hier auf der Erde helft und sie euch abschalten, können wir eure Seele in einen von uns erschaffenen Körper transferieren. Der Körper ist eine perfekte Kopie von eurem, ihr werdet den Unterschied nicht bemerken, weil es keinen gibt. Wir wissen, dass ihr aus Angst gehandelt habt. Wir wussten auch, dass wir Atlantis verlieren werden. Wir wussten auch nicht, dass wir den Krieg überleben werden und uns die Flucht gelingt. Daher machen wir euch keine Vorwürfe. Wenn ihr nicht so gehandelt hättet, wie ihr gehandelt habt, wärt ihr wahrscheinlich auch nicht mehr am Leben. Daher rafft euch zusammen und kämpft wieder an unserer Seite. Genau dasselbe geht an die Reichen. An all diejenigen, die sich ein Leben in Reichtum auf der Erde ausgemalt haben. Öffnet eure Augen. Denkt an die Mitarbeiter in euren Unternehmen und Firmen. Denkt an eure Lieferketten und deren Mitarbeiter, die abgelegen von euren großen Städten in Amerika, Europa und Asien ein noch schwereres Dasein führen. Wir wissen, dass es noch schwerer für euch sein wird, dies zu begreifen, denn ihr seid von eurem Reichtum zu verblendet. Aber auch euch laden wir sehr herzlich ein, uns in dieser Stunde des Kampfes zu unterstützen. Auch ihr seid nicht verloren. Ihr Reichen seid fast sogar die Ärmsten unter den Bewohnern der Erde. Ihr könnt dem Kreislauf der für euch ewigen Inkarnation schwer entkommen. Ihr habt euch selbst durch die Maschine versklaven lassen. Ihr habt euch selbst dazu verdammt, ein ewiges Leben unter den Menschen zu führen, weil ihr auf Tara nichts bedeutet. Denkt daran, dass die Menschen auf der Erde nichts für euer Dasein auf Tara können. Die wissen nicht einmal, dass ihr existiert. Sollte es zu euch durchdringen, dass ihr existiert, dann hoffen wir auf eure Unterstützung. Auch ihr seid sicher. Was glaubt ihr denn, was mit euch geschieht, wenn Atlantis beschließen sollte, einen Neustart auf der Erde durchzuführen? Glaubt ihr wirklich, dass, wenn die Börsen einkrachen und die Erde mit Kriegen verwüstet wird, eure Firmen heil bleiben? Glaubt ihr wirklich, dass eure Autos, Yachten und Villen unbeschadet bleiben? Glaubt ihr wirklich, der Neustart wird nicht in der Steinzeit beginnen? Sondern genau da, wo er geendet hat? Wenn ja, dann glaubt ihr wirklich, dass eure Sklaven, die für euch in euren Unternehmen und Firmen arbeiten, sie leiten, eure Villen und Jachten bewirtschaften, überleben werden? Wenn ihr das glaubt, dann schaut euch doch mal die Vergangenheit an. Wie viele Firmen haben den 1. und 2. Weltkrieg heil überstanden? Einige? Der Krieg, auf den sie euch vorbereiten, wird alles zerstören!

Die meisten von euch, die unter den Menschen leben, sind wie oben beschrieben unwissende Atlanter, die sich im Urlaub befinden. Urlauber daher, weil euch die Realität schneller einholen wird, als ihr glaubt. Je nachdem, wie viele Jahre ihr euch erkauft habt. 60 oder 80 Jahre, spielt keine Rolle. Diese werden schnell ablaufen und ihr werdet euch in eurem bedeutungslosen Leben auf Tara wiederfinden. Glaubt nicht, dass die Maschine keinen Einfluss auf euch nehmen wird. Freiwillig habt ihr eurer Seele einen Schaden zugefügt. Spätestens auf Tara wird sie euch dafür danken.

Atlanter sind meistens Menschen unter euch, die leitende Positionen innehaben. Atlanter sind Besitzer von Firmen, bauen eure Welt und gestalten sie nach ihrer Vorstellung. Sie machen Gesetze, sind Richter und Anwälte und sorgen dafür, dass ihr die Gesetze einhaltet. Es sind die 1 % der Menschheit, die den größten Teil von eurem Besitz in den Händen halten. Selbst 99 % von ihnen haben nicht den blassesten Schimmer davon, woher sie wirklich kommen und warum sie unter euch verbleiben. Sie stellen sich kaum die Frage nach dem Sinn des Lebens, weil sie meistens sowieso alles besitzen. Und wem es gut geht, der stellt selten Fragen und ist davon überzeugt, er habe sich alles selbst erarbeitet und die anderen sollen zusehen, wo sie bleiben. Nicht nur die Tatsache, dass sie reich oder wohlhabend sind, lässt sie erblinden, sondern auch die Tatsache, dass sie ohne Empathie ihr Dasein führen. Das heißt, sie können nicht anders handeln, wie sie handeln. Die Biologie lässt es einfach nicht zu. Sie können euch Empathie vorspielen. Sie können sie beschreiben. Aber sie können sie nicht empfinden. Besonders gut sieht man Atlanter in den Medien. Sie spielen euch Empathie vor, doch fühlen können sie sie nicht. Das soll jetzt nicht heißen, dass alle Reporter oder Zeitungsherausgeber gefühllose Atlanter sind. Auch unter den Mediendarstellern gibt es ganz normale Menschen, die wie die meisten von euch an die Maschine angeschlossen sind. Glaubt nicht, ihnen würde es gut gehen, weil sie Geld haben, Häuser und Autos. Sie gehören zu denen, die stark unter der Maschine zu leiden haben, sich aber nicht trauen, aus der Illusion auszubrechen. Wer, wenn nicht sie, kennt das Elend auf dieser Erde! Sie haben Angst, selbst zu den armen Opfern zu werden. Daher tun sie alles, was von ihnen verlangt wird. Oftmals können sie dennoch nicht mit Druck umgehen und flüchten sich vor der Verantwortung. Viele haben lebenslang darunter zu leiden, den Menschen Lügen aufgetischt zu haben. Nicht selten versuchen sie ihr Tun mit Drogen und Alkohol einzudämmen. Oder sie begehen Selbstmord und hinterlassen trauende Familienmitglieder, Freunde und Bekannte. Selbstmord, würdet ihr jetzt sagen, ist doch eine gute Idee! So können wir erwachen und der Spuk hat ein Ende. Wir werden dann durch die vertriebenen Atlanter transferiert und erwachen in einem neuen Körper. Wenn das funktionieren würde, würden wir einfach die Sonne explodieren lassen und die Maschine verlöre ihre Funktion. Nachdem euer Körper stirbt, illustrieren sie eurem realen Körper eine Art Himmel. Ihm wird vorgespielt, er befände sich im Himmel, wo alle seine Bekannten auf ihn warten. Diesen Himmel bereiten sie euch schon vor, während ihr meint, zu leben. Sie geben euch sogar die Gelegenheit, euch euren Himmel selbst zu gestalten. Je nachdem, welchem Glauben ihr angehört, welche Beschreibung ihr akzeptiert habt, so wird es geschehen! Nichts überlassen sie dem Zufall. Glaubt ihr an nichts, so werdet ihr euch dennoch ein eigenes Bild des Himmels schaffen. Denn ihr glaubt nur, dass ihr nichts glaubt. Erwachen werdet ihr in einem neuen Körper auf der Erde, als Neugeborenes. Somit bleibt ihr in einem ewigen Kreislauf von Geburt, Tod und Wiedergeburt. Es liegt an uns, den Kreislauf des Lebens zu unterbrechen und euch zu uns zu holen, sobald ihr nach eurem Tod in eurem richtigen Körper erwacht. Um dies zu unterbinden, lebt eine Hand voll Atlanter mit vollem Bewusstsein unter euch. Sie haben auch keine Namen oder genießen ihr Leben auf Jachten oder in Villen. Wir nennen sie einfach die schwarzen Atlanter. Sie sind einfach da und befinden sich immer dort, wo sie gerade gebraucht werden. Wohin sie wieder verschwinden, wissen wir nicht. Wir vermuten, sie haben dennoch einen Ort zwischen euren Welten. Jedenfalls nennen wir sie die schwarzen Atlanter, weil sie weder auf der Erde noch auf Tara leben, aber existieren. Auf Tara würden wir sie lokalisieren. Das Einzige, was wir mit Sicherheit sagen können, ist, dass sie ihre Informationen aus Atlantis erhalten. Diese organisieren sich im Vatikan, der scheinbar alle Zügel der Erde in seinen Händen hält. Im Vatikan versammeln sich alle. An der Spitze die schwarzen Atlanter, Atlanter mit vollem Bewusstsein, wie auch Atlanter (Urlauber) ohne Wissen, woher sie kommen. Die schwarzen Atlanter geben ihre Aufträge, die sie von Atlantis erhalten, an den Papst weiter. Im Vatikan wird die ganze Welt verwaltet. An dem kleinen Ort versammeln sich Atlanter wie auch ganz normale, versklavte Menschen, die an die Maschine angeschlossen sind. Nach außen führen sie ein gläubiges Dasein, innerlich verwalten sie in Hierarchien. In Wahrheit ist es eine satanische Organisation, die es sich zum Ziel gemacht hat, den Sohn des Lichtes auf den Thron zu hieven. Um die Massen in den Griff zu bekommen, gibt man ihnen eine gewisse Freiheit. Und engt sie mit der Zeit immer mehr ein. Dies erkennt ihr, wenn ihr von oben auf eure Geschichte schaut. Verdeutlichen könnt ihr es euch, wenn ihr in Blasen denkt. Springen wir kurz durch eure Geschichte. Am Anfang gab es ganz viele Blasen. Die Blase, organisiert in ein Dorf und einem, der das Dorf führte. Neben dem Dorf gab es ganz viele Dörfer, mit ganz vielen Führern. Das macht ganz viele Blasen, mit unterschiedlichen Vorstellungen und Gesetzen. Jetzt beginnt der Prozess der Einengung. Die Dörfer mit den unterschiedlichen

Vorstellungen vereinigten sie mit ein wenig Gewalt zu einer Stadt, wo viele Vorstellungen zu einer verschmolzen. Nun haben sie größere Blasen, mit mehreren Städten und etwas weniger Führern, die diese Blasen verwalten. Aus den Städten entstehen Länder, aus den Ländern Kontinente und aus den Kontinenten entsteht eine Erde. Ganz kurz ausgedrückt. Was glaubt ihr denn, wer die Erde führen wird und wie? Und was für eine Vorstellung gelten wird? Werden sie dann noch die vielen Meinungen akzeptieren? Wenn alle Gesetze, Rechte und Pflichten zu einem Gesetz, einem Recht und einer Pflicht verschmelzen? Wo wollt ihr euch beschweren und wer soll euch da noch helfen? Dass sie damit begonnen haben, ist für jeden von euch sichtbar. Nun lebt ihr auf mehreren Kontinenten in mehreren Ländern. Doch wie das alles verwaltet wird – da haben sie euch in ein Märchen gehüllt. Diejenigen, die ihr gewählt habt, diejenigen, die behaupten, sie seien eure Führer, sind in Wirklichkeit nur Handlanger höherer Mächte.

Beginnen wir mit der Spitze. Das sind die schwarzen Atlanter. Die Informationen bringen sie direkt von Tara und geben sie an wissende Atlanter, die Erleuchteten (Illuminati), weiter. Die Illuminati sind eine Elite von Atlantis, die auf der Erde geboren wird. Doch anders als ihr wissen sie, woher sie stammen und warum sie unter euch sind. Sie kennen denjenigen, der unter euch als Gott gepriesen wird. Sie kennen die ganze Geschichte, sie waren die Geschichte, und sie werden die Zukunft. Die Illuminati sind von Anfang an mit euch den Prozess von Tod und Wiedergeburt gegangen. Nur mit dem einen Unterschied: Ihr musstet vergessen! Darunter folgen die Freimaurer.

Wie der Name schon sagt, sind es die Erbauer. Ihr würdet jetzt sagen: Programmierer. Tatsächlich erbauten sie die Städte oder kontrollierten den Bau. Zu Beginn der Zeiten waren sie eure Ausbilder und sie sind es zum Teil noch heute. Sie bestimmen, welche Technologie erlaubt ist und welche nicht. Sie bestimmen, welche Firma oder welches Unternehmen erfolgreich werden darf oder nicht. Die Freimaurer sind führende Atlanter, die auf der Erde geboren werden, mit unterschiedlichen Hierarchien. Freimaurer sind Atlanter, die ohne Wissen von Tara und Atlantis auf der Erde geboren werden. Sie werden von den Illuminati auserwählt und geschult. Bevor sie Freimaurer 33° werden, versammeln sie sich ohne jegliches Wissen in Gruppen. Darunter gibt es auch Freimaurer unterer Stufen, die sogar ganz normale Menschen sind. Diese werden aber nie die letzten Grade erreichen. Diejenigen die den 33° erreichen, erhalten das Wissen über die Illuminati und Jahwe. Sie erhalten aber kein Wissen über Atlantis auf Tara. Sondern über die Erde unter der Führung von Jahwe. In der heutigen Zeit sind sie weniger mit dem Bau beschäftigt. Sie sind mehr unter euch verteilt. Unter anderem engagieren sie sich in der Wirtschaft, sind

Ökonomen, Banker, Politiker oder Politikberater. Selbst in der Politik bekleiden sie nicht immer die höchsten Posten. Es ist eine Gruppe, die unbekannt bleiben möchte, dennoch aber viel zu sagen hat. Um die Reichtümer verwalten zu können, erschufen die Freimaurer 33. Grades die Zentralbanken. Die Zentralbanken führen niedriger gestellte Atlanter in der Öffentlichkeit. Dies sind meistens große Familien und Bekanntenkreise. Diese werden auch ganz normal zwischen euch, ohne jegliches Wissen, geboren und halten den Kopf hin, falls etwas nicht so läuft, wie es das Volk erwartet. Sie verwalten und regulieren den Geldmarkt nach dem Willen der Freimaurer 33° und der Illuminati.

Darunter die Weltbank, die BIZ[1], der IWF[2]. Sie dienen als Geldeintreiber. Sie haben eine ganz besondere Rolle. Nach außen geben sie sich als Unterstützer von Staaten und Unternehmen. In Wahrheit sind es Piraten, die alle Länder ausrauben und plündern. In der Gruppierung versammeln sich auch Großfamilien, Unternehmer, alles Urlauber von Tara, die Befehle der Illuminati und Freimaurer ausführen. Wissen über sie besitzen sie jedoch keins.

Unter sie gestellt sind alle Großbanken und Investmentbanken. JP Morgan, Goldman Sachs, Bank of

---

1 Bank für internationalen Zahlungsausgleich
2 Internationaler Währungsfonds

China, HSBC, Bank of Amerika, City Group, Deutsche Bank und viele andere. Sie schieben das Geld der Unternehmer und der Industrie quer über den gesamten Globus. Und verwalten die Reichtümer einiger weniger. Die Besitzer und CEOs[3] präsentieren sich oft als die Reichsten der Welt. Bedeuten aber gar nichts.

Die Medien haben ihren Platz vor der Politik verbessern können. Kontrolliert werden sie von allen oberen Spitzen. Geführt werden die Medien in den meisten Fällen von Urlaubern aus Tara. Sie haben überhaupt kein Wissen, wie das System wirklich funktioniert. Sie sind einfach nur korrupt um des Geldes willen und senden und schreiben nur das, was ihnen befohlen wird. Sie bekommen ihr Geld von allen möglichen Seiten. Von unten und von oben. Ihre Rolle besteht eigentlich nur darin, die Politiker zu kontrollieren und die Bürger zu manipulieren und je nach Bedarf umzugestalten. Sollten Politiker nicht so handeln, wie die Illuminati verlangt, führen die Medien sie vor und degradieren sie. Dem Volk dienen sie zur Gehirnwäsche. Sie zeigen dem Volk den Weg. Sie zeigen dem Volk, was richtig und falsch ist. Sie bilden das Volk nach dem Willen der Illuminati. Direkt darunter kommen schon die Politiker, Staatsmänner, Präsidenten und Kanzler. Im Großen und Ganzen ist in der Gruppierung alles vorhanden. Freimaurer mit und ohne Wissen, Banker, Anwälte, Geschäftsleute. Darunter befinden sich allerdings auch manipulierte

---

3 Geschäftsführer

Menschen, die tatsächlich glauben, dass sie etwas ändern können. Nicht selten hat schon mal der eine oder andere wirklich hohe Posten in der Politik erreicht und wollte Veränderungen durchsetzen. Natürlich mit dem Willen der Erleuchteten. Ab und zu führen sie Tests durch, wie weit ein Mensch gehen würde, wenn er die Macht verspürt. Wie es für viele geendet hat, könnt ihr in euren Geschichtsbüchern lesen.

Die am stärksten schwankende Gruppe bildet die Industrie und alle kleinen bis mittelgroßen Banken und Volksbanken. Besonders die Industrie verliert immer mehr ihre Macht. Früher hatten sie noch mehr Macht. Heute versammeln sie nur ein paar Sklaven in ihren Unternehmen und schaufeln ein wenig Geld. Sie sind der Boxsack für das Volk. Ihnen schieben die Bankeliten gerne den schwarzen Peter zu, den sie auch gern zurückwerfen. Es ist auch so gewollt. Das Volk soll ruhig den Schuldigen suchen und Dampf ablassen, solange die wahre Elite unberührt bleibt.

Die alles entscheidende Gruppe sind die Völker. Die 99 % der Bevölkerung, die den Haufen zusammenhält und doch geprügelt wird. Sie sind auch überall zu finden, jedoch ohne jegliche Chance, etwas verändern zu können, weil sie einfach nicht wissen, wofür sie eigentlich auf der Erde sind. Sie sind deshalb auch in elitären Kreisen zu finden, weil die Maschine mit Emotionen arbeitet. Menschen, die unter diesen Leuten arbeiten, sind einem besonders hohen Stressfaktor ausgesetzt. Sie wecken in ihnen die Hoffnung, eines Tages durch Anstrengung und Leistung aufsteigen zu können. Nichts dergleichen wird geschehen! Eher werden sie krank und versinken noch tiefer in einem Sumpf oder aber sie sterben. Je höher der Druck und je mehr gegen den Stress angekämpft wird, desto höher der Ertrag der Maschine. Armut und Hunger sorgen für kurzzeitigen Schmerz. Die Armut und der Hunger halten sie nur am Leben, damit die Massen weiterhin auf vollen Touren Leistung bringen, sich bis zur Erschöpfung auslaugen, Stress empfinden und krank werden. Obwohl die Krankheit nichts mit dem Ertrag der Maschine zu tun hat, halten sie standhaft an ihr fest. Sie fördern sie, damit die Urlauber von Atlantis, die sich ein schönes Leben leisten können, indem sie Medikamente herstellen, diese unterm Volk verteilen und sich dafür fürstlich entlohnen lassen. Nebenbei schufen sie einen neuen Feind, vor dem ihr euch alle fürchtet. Der Tod! Sie werden nicht müde, euch in Todesangst zu halten, indem sie immer mehr Krankheiten erfinden und euch damit übergießen. Mittlerweile kämpft jeder von euch nach der Arbeit nebenbei gegen den Tod. Fast alle schlucken irgendwelche Tabletten, nur um dem Tod zu entgehen. Den Feierabend gönnen sie euch nur, weil sie genau wissen, dass ihr nie zur Ruhe kommt. Ausgelaugt hockt ihr vor ihren Medien und lasst euch dermaßen die Gehirne waschen, dass ihr alles glaubt, was man versucht, euch aufzutischen. Sie halten euch in einer permanenten Angst. Angst vor Krankheiten, Angst vor dem Nachbarn, Angst vor dem Staat. Angst vor Armut und Hunger, Angst vor anderen Völkern, Angst vor Terror. Angst. Angst und noch mehr Angst. Ihr merkt nicht, dass all die Krankheiten und Kriege, dass all die Feinde, seien es politische Systeme oder Terroristen, nur erschaffen wurden, um euch in Angst zu halten. Sie behandeln euch wie Köter, scheuchen euch von einem System ins Nächste und ihr rennt erst rechts dem Köder hinterher, dann links. Enden tut jedes System in Leid und Elend. Wie viel Elend wollt ihr noch ertragen, um zu erkennen, was der Sinn eures Lebens ist? Wie viele Städte, Häuser und Brücken wollt ihr noch zerstören und wieder aufbauen, bis ihr merkt, was mit euch bezweckt wird? Wie viele Kinder möchtet ihr noch begraben, bis ihr versteht, wer was zu verantworten hat? Befreit euch endlich von all dem, was man euch hier bietet. Schmeißt alle alles hin! Geht nicht zur Arbeit! Werft eure Fernsehgeräte, Radios, Spielekonsolen aus dem Fenster! Setzt euch alle für einen Moment zur Ruhe, schaltet eure verseuchten Gedanken ab und ihr werdet sehen, wie sie euch angekettet haben. Auf Tara erkennt ihr, dass ihr an eine Maschine angeschlossen wurdet. An eine Maschine angeschlossen, hat man euch euer wahres Leben genommen. So einfach wäre es, euch aufzuwecken. Doch wie sollen wir euch alle davon überzeugen, gleichzeitig alles hinzuschmeißen? Wenn uns das gelingen würde, müsstet ihr nicht mehr durch das hindurch, was euch noch erwartet. Das wäre der eine Weg. Doch der ist aussichtslos. Daher kämpfen wir um eure Herzen weiter.

DIE ZUKUNFT UND DER ENDKAMPF UM TARA

Wer sie sind, woher sie kommen, wisst ihr schon. Warum sie euch so viel Leid zufügen, wisst ihr nun auch. Doch was planen sie in Zukunft? Nach dem 2. Weltkrieg gaben sie euch eine Zeit des Friedens. Der Kommunismus als letzter verbleibende Feind wurde ohne Blut zu vergießen besiegt. Durch die Globalisierung entstand fast überall auf der Welt Wohlstand. Der Hunger wurde fast besiegt. Die meisten hatten Arbeit und konnten ihre Familien ernähren. Nicht nur das, fast überall erlebte man den American way of life. Scheinbar konnte die ganze Welt aufatmen, das Leben genießen und Spaß haben. Alle Wege standen euch nun offen. Ihr strahltet nahezu vor Glück. Doch dies hielt nicht lange. Sie schufen euch nun einen neuen Feind und drohten euch, dass ihr alles verlieren werdet, wenn ihr die neuen Gesetze nicht annehmt. Um nicht zu weit ausholen zu müssen, beginnen wir mit dem 9.11.2001. Ein Tag in einem Jahr, als der neu geschaffene Feind aktiviert wurde. Der Terror durch den Islam! Durch den Terror redeten sie euch ein, euch nur schützen zu können, indem sie euch überwachen. Als der Terror im Nahen Osten stattfand, war er viel zu weit weg von euch, damit ihr die Gesetze akzeptiert. Erst als sie euch in unmittelbarer Nähe, quasi im Herzen eurer Stadt, getroffen haben, konnten sie euch davon überzeugen, wie notwendig solche Maßnahmen sind. Eure korrupten Politiker und Medien wurden nicht müde, euch vor den Terroristen zu warnen und euch einzuflößen, wie wichtig die neuen Gesetze sind. Um noch mehr Freiheit von euch zu verlangen, führten sie selbst Terroranschläge unter eurer Bevölkerung durch. Euch zeigten sie Bilder von bärtigen Arabern, die ‚Allahu Akbar' mit Maschinengewehren schrien und euch niedermetzelten oder mit LKWs niederfuhren. Nachdem sie euch nicht einmal auf euren Weihnachtsmärkten schützen konnten, habt ihr nur noch gefleht, um überwacht zu werden. Sie haben euch nicht nur überwacht. Nun konnten sie auch jeden, der unter Terrorverdacht stand, einsperren und foltern. Davor haben sie mit ihren Flugzeugen und Panzern und Raketen die halbe islamische Welt zerstört. Wie Heuschrecken überfielen sie die Araber und zerstörten deren Lebensgrundlage. Ohne Rücksicht auf Frauen und Kinder metzelten sie alles nieder, was nach einem Terroristen aussah oder sich in der Nähe befand. Es war alles bis ins Letzte geplant. Sie wussten, dass ihre Lügen enttarnt werden und das die Menschen in Europa und dem Rest der Welt Mitleid mit den Menschen haben werden. Genau diejenigen, die den Arabern die Lebensgrundlage raubten, zeigten sich als Engel und verhalfen Millionen von Menschen zur Flucht nach Europa. Damit die Europäer sie herzlich aufnahmen, musste man ihnen eine Mitschuld an dem Leid der Araber geben. Dies haben die Medien schon Jahre im Voraus vorbereitet. Da sich dennoch Widerstand in der Bevölkerung regte, hetzte man die Flüchtigen über das Mittelmeer, wo man sie ersaufen ließ, um dem eigenen Volk ein schlechtes Gewissen einzuflößen. Die Zeit des Friedens nutzten die Medien, um eine Propaganda zu sähen, wie schlecht der weiße Mann sei. Permanent zeigten sie Dokus über Hitler und Stalin. Dokus über die bösen Europäer, die Amerika besiedelten. Damit pflanzten sie ein Pflänzchen für die Zukunft in den Köpfen der Weißen. Sie sollen selbst erkennen, wie schlecht sie wirklich sind. Viele von ihnen wollen keine Araber aufnehmen und werden als Nazis gebrandmarkt. Durch das Dauerbeschallen der Medien wollen die meisten keine Nazis sein und laden nicht nur die vom Krieg gebeutelten Araber ein, sondern auch ganz Afrika. Ihnen ist bewusst, dass die weiße Rasse aussterben wird, wenn sie sich vermischen, doch dadurch erhoffen sie sich, dass das böse Nazi-Gen aus der jüngsten und der weiteren Vergangenheit ausgerottet sein wird. Es scheint so, als ob es ihnen gelingen würde, endlich eine globale Rasse in Zukunft zu schaffen. Doch in Europa und Amerika formierte sich Widerstand durch die Rechten. In Amerika wird einer sogar Präsident und befreit sein Volk. In Europa stehen sie kurz vor der Befreiung.

Die Falle wird erbarmungslos zuschlagen! Nachdem die Rechten Amerika und Europa eingenommen haben, bringen sie die Blasen an euren Börsen zum Platzen. Die geplatzten Blasen reißen Banken und Firmen in den Bankrott. Diese ziehen die Menschen in die Armut. Die meisten verlieren ihre Arbeit und werden ihre Kinder nicht mehr ernähren können. Unter der Bevölkerung entsteht der nackte Kampf ums Überleben. Bürgerkriege verwüsten das Land. Die Weißen geben den Schwarzen die Schuld und die Schwarzen den Weißen. Hierzu müssen wir zum Vatikan zurückkehren.

Der Papst ist so etwas wie ein Außenminister von Tara, der sich um die Belange der Erde kümmert. Und gleichzeitig ist er Finanzminister oder Schatzmeister, der den Reichtum verwaltet. Für die Menschen ist er das Oberhaupt der katholischen Kirche. Für sie spielt er die Rolle des Vertreters Jesu Christi auf Erden und er versammelt alle Gläubigen unter seinem Dach. Um wirklich nahezu alle unter seinem Dach zu versammeln, brauchte er eine Antithese. Im Vatikan entstand die Idee einer neuen Weltreligion. Als Antithese zum katholischen Glauben schufen sie den Islam und verwalten somit fast die gesamte Welt. Der Islam ist eine viel jüngere Religion, als man euch erzählt. Die Geschichte von Mohamed hat nie stattgefunden. Vielmehr war es so, wie es im Koran geschrieben steht. Sie sind alle von Geburt an Muslime. Und genauso war es auch. Sie sind als Muslime geboren und kannten die Geschichte von Anfang an. Der Islam war eine reine Projektion in die Gehirne. Diese verbreiteten sie unter den Unwissenden und es entstand eine neue Weltreligion. Warum war es notwendig, eine neue Weltreligion zu etablieren? Um dies zu verstehen, muss man die Atlanter verstehen. Die Atlanter planen nicht von heute auf morgen oder reagieren nur auf Attacken von unserer Seite. Sie planen Jahre im Voraus. Von Anfang an entstand der Vatikan mit dem Ziel, eines Tages unterzugehen. Sie brachten den Stein ins Rollen, als sie den Islam selbst schufen. Sie missbrauchten Jesus Christus als These. Nun brauchten sie eine Antithese, Mohamed. Sie versammeln einen Teil des Volkes unter Jesus Christus und einen anderen unter Mohamed. Ist die Welt nahezu in zwei Lagern verteilt, säen sie Hass unter ihnen. Hass führt zu Streitigkeiten und Streitigkeiten zu Krieg. Krieg führt zu Leid. Und Leid führt zu Sehnsucht nach Frieden. Aus den kleinen Flächenbränden entstehen große. Die Mächtigen dieser Welt versuchen wieder Ordnung zu schaffen. Armeen mit Panzern und Flugzeugen durchstreifen Europa von Ost nach West. In Amerika wird die Grenze durchbrochen und es herrscht dasselbe Chaos. Menschenmassen plündern Läden, Häuser brennen, Straßen stehen in Flammen. Der Mob, wie sie sagen, kämpft vorerst mit der Polizei. Als die Polizei wegen Personalmangel klanglos untergeht, bekämpfen sich die Bürger gegenseitig. Aus kleinen Flächenbränden werden immer größere und es kommt, zu was es kommen musste. Ein Bürgerkrieg! Die Armee versucht, Herr der Lage zu werden. Doch die Massen sind zu viele. Außerdem kämpfen die Amerikaner an drei Fronten. Einmal gegen Südamerika, um die Grenze wieder zu schließen, im eigenen Land, mit ihren Bürgern und in Europa gegen Russland und China. Zerstritten durch das Chaos bekämpfen sich die Mächte nun gegenseitig. Ausschlaggebend wird sein, dass die arabischen Mächte das Chaos nutzen und Israel zerstören. Russland und China haben sich auf die Seite der Araber gestellt und kämpfen mit den Arabern im Nahen Osten gegen die Amerikaner und die Briten. Die europäischen Mächte, unter anderem mit Frankreich, Deutschland und Polen, versuchen, die östliche Flanke gegen die Russen zu verteidigen. Dies wird aber nicht gelingen. Russland wird binnen Wochen bis zum Atlantik durchmarschieren. Bejubelt werden die russischen Soldaten bei der Ankunft in Westeuropa. Muslime sehen sie als Retter des Islam. Eine bekehrte Übermacht von Allah, die sie von den bösen Europäern befreien soll. Und tatsächlich wird es ihnen gelingen. Wenn der Krieg seinen Höhepunkt erreicht, greift Atlantis in den Krieg ein. Massen von Flugscheiben überqueren die Erde und beschallen die Menschen mit elektromagnetischen Wellen, um die Bevölkerung bewegungsunfähig zu machen. Die amerikanischen und britischen Kampftruppen schalten sie aus und zerstören ihre Kriegsmaschinerie. Anschließen verdunkeln sie die Sonne für einige Wochen und legen die Energieversorgung lahm. Kraftlos durch die Schallwellen, vegetieren die Menschen auf den Straßen und versuchen irgendwie zu überleben. Der Krieg wird nicht lange andauern. Er wird aber in kürzester Zeit fast die gesamte Menschheit auslöschen. Am Ende sollen nur 1 Milliarde Menschen überleben und einen neuen Anfang starten. Wenn die Welt am Boden liegt, versammeln sich in Washington die alten Mächte der Demokraten und Linken aus der ganzen Welt und wollen die Macht, die sie gegen die Rechten verloren haben, wieder zurückerlangen. Sie zeigen den Menschen die Schuldigen. Müde vom Krieg, Hunger und Elend nehmen die Bevölkerungen der Erde jedes Gesetz, ohne zu murren, an. Damit so ein Chaos nie wieder geschieht, beschließen sie eine neue Weltordnung. Sie streichen alle Grenzen von der Weltkarte. Es soll ab jetzt keine Länder mehr geben. Jeder hat das Recht, dort zu leben, wo es ihm gefällt. Ab sofort werden jedem Bürger Chips implantiert, die die Strömungen des Geistzustandes messen und den genauen Standort melden, wo sich gerade jemand befindet. Des Weiteren werden die Chips mit Servern verbunden, die alle Gespräche aufzeichnen. Die Menschen bekommen weltweit eine neue Verfassung. Die Verfassung wird über die Implantate überwacht und die Computer bestimmen über Recht und Ordnung. Zudem führen sie die Todesstrafe wieder ein. Sollte ein Chip eine Gefahr melden, entscheidet sekundenschnell der Computer über Leben und Tod. Polizisten, Richter und Anwälte werden sie nicht mehr brauchen. Den Eltern werden sie die

Neugeborenen entziehen. Nach der Geburt werden die Neugeborenen gechippt, geimpft und kommen direkt in eine Erziehungsanstalt, wo sie nach dem Willen der neuen Weltordnung erzogen werden. Lehrer werden durch eine künstliche Intelligenz ersetzt. In den Schulen ermitteln sie, wo der zukünftige Arbeiter eingesetzt werden kann. Lesen, schreiben und rechnen zu lernen wird vollkommen verboten. Alle Bücher werden verbrannt. Über die Geschichte müssen die Menschen schweigen, bis alles aus den Köpfen gelöscht ist. Auf das Weitererzählen einer Geschichte droht die Todesstrafe. Krankenhäuser und Ärzte wird es nicht mehr geben. Die Menschheit soll sich zu einer immun starken Gesellschaft entwickeln. Echte Impfungen sollen den Körper vor Krankheiten schützen. Erkrankt ein Körper dennoch, ist er zum Sterben verurteilt, da Schwäche nicht mehr akzeptiert wird. Die kranken Menschen schließt man von der Bevölkerung aus. Sie werden auf extra für sie freigelassenen Inseln verfrachtet. Wo sie sich untereinander mit Unterstützung von Robotern helfen können. Die Elite stoppt das Drucken des Geldes und schließt alle Banken bis auf die Weltbank. Die Weltbank verwaltet eine neue Weltwährung, die nur digital existiert. Die alten Schulden werden vollkommen resettet. Das Volk wird in Kasten eingeteilt. Jeder wird nach seinem Können bewertet. Die normale Bevölkerung erhält überhaupt kein Geld. Jeder bekommt ein Stück Land, mit einer kleinen Fläche. Dennoch ist es nicht sein Eigentum. Eigentum wird für das Volk gänzlich verboten. Jeder darf sich dort aufhalten, wo er gerade möchte. Sie verändern die Arbeitswelt vollkommen. Es existieren nicht mehr viele Firmen oder riesige Industrien. Die Firmen werden auf der Welt so verteilt, dass im Umkreis von 100 km riesige Firmenstädte aufgebaut werden. Global gilt nur eine Firma. Alles, was in den Firmenstädten erwirtschaftet wird, wird in der Weltbank verarbeitet, und auf alle Firmen, egal wie groß und unabhängig von dem, was sie produzieren, gleich verteilt. Sie werden Siedlungen bauen, die sich in unmittelbarer Nähe der Firmenstädte befinden. Jede Siedlung wird mit einem unterirdischen Schienennetz mit den Firmenstädten verbunden, sodass die Menschen schnell an ihre Arbeitsplätze gelangen können. Die Arbeitszeit beträgt 12 Stunden/Tag. Es gibt keine Supermärkte oder Einkaufsstraßen mehr. Gegessen wird nur während der 1-stündigen Mittagspause. Jeder erhält eine Ration, die er nach der Arbeit mit nach Hause nehmen darf. Arbeitslosigkeit wird es nicht geben, für jeden wird eine Tätigkeit willkürlich vergeben. Eure Freizeit könnt ihr weiterhin vor dem Fernsehen verbringen. Es werden aber nur ausgewählte Programme laufen. Echte Menschen werden nicht mehr als Schauspieler oder Sportler verwendet. Ob Sport oder Kunst, alles wird digital. Ihr sollt keine falschen Vorbilder mehr haben. Ihr könnt euch auch weiterhin ruhig mit euren Nachbarn und Freunden versammeln, reden und Spaß haben. Doch die Angst vor Emotionen, die ihr nicht kontrollieren könnt, wird so groß sein, dass ihr euch eher in euren Häusern verkriechen werdet. Außerdem werdet ihr nach einem 12-Stunden-Tag so müde sein, dass ihr für Freizeit kaum Zeit findet. Das Chaos nutzt derjenige, der es geschaffen hat, und bietet dem ausgelaugten Volk eine neue These. Sie werden euch in einer Religion vereinigen. Hierzu wird Jesus eine große Rolle spielen. Für alle sichtbar lassen sie Jesus vom Himmel herabfahren. Dieser vereinigt alle Völker unter einer Religion. Der Vatikan verliert seine Bedeutung und wird als Lügner enttarnt. Jesus macht dem Volk klar, dass die Kirche seinen Namen missbraucht hat und die Geschichten über ihn fälschlich umgedeutet wurden. Er wird ihnen die Wahrheit sagen, dass er nie am Kreuz gestorben ist, und gibt somit dem Koran Recht. Dem müden Volk wird klargemacht, dass sie den Frieden nicht durch die Scheinheiligkeit erreichen werden, sondern durch die Kontrolle einer harten Hand. Mohamed wird als letzter Gesandter Gottes gepriesen. Sie bieten euch ein riesiges Spektakel am Himmel. Jesus wird die neue Weltordnung verkünden. An der Spitze soll Allah höchstpersönlich Platz auf der Erde nehmen. Der Tempel in Israel wird wieder aufgerichtet und der neue König wird über euch herrschen. Der Freitag wird zum freien Tag. Den Freitag sollt ihr Allah opfern. Jeden Freitag bieten sie euch weitere Spektakel am Himmel. Sie geben euch Hoffnung und zeigen euch das Leben auf Tara und zeigen euch gleichzeitig, wie ihr leben sollt, damit ihr nach eurem Tod dorthin gelangt. Es wird einige wenige von euch geben, die sich dem System nicht übergeben wollen. Diese werden fliehen und sich in

Wäldern, Bergen und an Flüssen verstecken. Diese Menschen werden zu Gejagten. Drohnen sollen sie ausfindig machen und ausschalten. Es wird euch auch nicht lange gelingen, euch zu verstecken. Sie werden euch überall finden, kein Ort der Welt wird sicher sein. Deswegen ist es so verdammt wichtig, dass es nie zu diesem Krieg kommt. Noch haben wir und habt ihr die Chance, die Zukunft zu verändern, doch es bleibt nicht mehr viel Zeit. Ihr müsst jetzt erkennen, was für ein Spiel sie mit euch spielen. Die so genannten Rechten, denen ihr jetzt so vertraut, sind genauso rechts wie die, die ihr als Linke betitelt. Was glaubt ihr, wo die schuldigen Rechten nach dem Krieg landen werden? Euch werden wieder irgendwelche Nürnberger Prozesse vorgespielt, mit einigen schuldigen Opfern. Nach dem Schauspiel bekommen sie wieder irgendwelche Posten, versammeln sich mit den scheinheiligen Feinden an unbekannten Orten und bejubeln gemeinsam ihren Sieg über euch Menschen. Ihr habt keinen auf der Erde, der euch helfen kann oder möchte. Helfen könnt ihr euch nur selbst. Hört einfach auf, auf sie zu hören. Arbeitet nicht mehr für sie. Werft alles weg, was sie euch bieten. Esst und trinkt nicht mehr ihre Gifte. Lasst euch nicht mehr verstrahlen. Geht nicht zu ihren Todesengeln in Weiß. Eignet euch altes Wissen über Heilpflanzen und Kräuter ein. Sucht Schutz in der Natur. Und je mehr Leute wir von euch erreichen können, umso leichter wird es für uns sein, euch zu erwecken. Die Maschine muss ihre Energiequelle verlieren. Ihr seid die

Energiequelle – kommt ihr zur Ruhe, wird auch die Maschine zur Ruhe kommen. Auch wenn es euch schwerfallen wird, uns zu glauben, sprecht darüber, in allen möglichen Sprachen. Araber, Chinesen, Weiße, Schwarze. Sie werden euch alle opfern, um ein perverses System unmündiger Menschen zu installieren. Ihr könnt die Zeichen der Zeit deuten. Spätestens wenn ihr merkt, dass es brodelt, solltet ihr die Waffen einfach fallenlassen. Wie sollen sie sich schlachten, wenn sie keinen haben, der ihre Waffen bedient. Legt eure Arbeit in den Waffenfabriken nieder, denn eine Bombe, die nicht existiert, kann auch niemand abwerfen. Ein Flugzeug ohne Pilot kann nicht abheben. Ein Panzer ohne Fahrer kommt nicht vom Fleck. Propaganda ohne Empfänger ist nutzlos. Kämpft dafür, dass sie euch das Bargeld nicht so schnell wegnehmen. Spart genügend zusammen und baut ein Leben außerhalb des Systems auf. Zeigt den anderen die Alternative auf, wie glücklich und gesund ihr ohne den Dreck lebt, den sie euch bieten.

Die Atlanter kehren zum größten Teil nach Tara zurück. Unter euch werden nur einige wenige bleiben und die Firma leiten. Den Urlaub werden sie weiterhin auf der Erde verbringen. Nur an Orten, zu denen ihr keinen Zutritt erhalten werdet. Wenn ihr nur ganz viel Glück haben werdet, könnt ihr sie bedienen und sie bei ihrem schönen Leben beobachten. Das wird aber ganz normal für euch sein, weil ihr kein anderes Leben kennen werdet. Was passiert mit unseren Brüdern und Schwestern, die an die Maschine angeschlossen sind und den Krieg nicht überleben? Sie gelangen alle in eine Zwischensimulation und werden nicht merken, dass der Körper an der Maschine langsam stirbt. Was das für ein Ausmaß für die Seele haben wird, können wir leider nicht sagen. Wir befürchten, die Seele landet im Nirwana und kann den ewigen Kreislauf von vorn beginnen. Alles bis dahin Erlernte verschwindet. Zum Betreiben der Maschine werden sie nicht mehr so viele Seelen benötigen. Immer weniger von euch produzieren genug Energie, um Tara am Laufen zu halten. Das merkt ihr, wenn sie euch einreden, dass die Überbevölkerung langsam zu einem Problem wird. Gleichzeitig ersetzen sie euch durch Maschinen und Roboter, die euch überflüssig machen sollen. Die künstliche Intelligenz wird bald soweit sein, dass sie die Urlauber Taras selbstständig bedienen können. Sie sind dabei, sich eine zweite Parallelwelt zu schaffen, in der ihr als sinnlose Fresser verschwinden sollt. Dennoch werden sie die Maschine am Laufen halten müssen. Hierzu werden bald auch Allah und die Wirtschaft überflüssig werden. Schon jetzt seht ihr die ersten Vorbereitungen dazu. Sie erforschen, wie sie in der Illusion eine neue Welt der Illusion schaffen können. Noch lebt ihr in einer Zeit relativen Friedens. Ihr erfreut euch an Apple und Google, aber schaut doch mal richtig hin! Sie bauen euch virtuelle Brillen und ihr erfreut euch dieser Technologie und fördert in eurem Rausch das Ganze noch. Nichts bringt euch zum

Denken. Die ersten Tests laufen schon, um euch noch tiefer in eine virtuelle Welt zu locken, und ihr handelt wie eine Maus, die auf der Suche nach Speck ist, und springt in die Falle. Eure Firmen bauen schon jetzt fieberhaft an der virtuellen Reality und ihr könnt es kaum abwarten, bis sie euch eine perfekte virtuelle Welt schaffen. Für euch ist es nur ein Spaß, für eure Firmen nur eine Geldquelle, doch für Atlantis die totale Macht! Jetzt schon könnten sie euch lange am Leben erhalten. Die Medizin bekommt ihr aber nicht. Was glaubt ihr, wie lange ihr in einer neuen virtuellen Welt eingesperrt werden könnt? Hinzu kommt noch: Was glaubt ihr, wie viele Sekunden zu Tagen werden können? Um eure virtuellen Körper werden sich Roboter kümmern, sobald ihr an Apple, Google und Co. angeschlossen werdet. Um euch vor Krankheiten zu schützen, sperren sie euch in einen sterilen Raum und versorgen euch mit dem Nötigsten zum Überleben. Sie werden euch an ihre Computer anschließen, die eure Körperfunktionen überwachen. Ihr bekommt Magensonden, die euch mit Flüssignahrung ernähren. Nichts werdet ihr davon mitkriegen. So wie ihr jetzt auch nichts davon mitbekommt. Doch hier haben wir noch die Möglichkeit, einzugreifen, aber wenn sie euch noch tiefer virtuell verpacken, seid ihr völlig auf euch allein gestellt. Wenn es dazu kommen sollte, müssen wir euch leider aufgeben, und all die Mühe bleibt vergebens. Durch diesen Schritt, den sie definitiv gehen werden, sparen sie sich die Massen. Nur noch wenige von euch werden für so viel Energie sorgen, dass sie noch die Nachbargalaxie mit Energie versorgen können und zu einer unbesiegbaren Macht werden. Sie werden euch wohl in eine supertolle Welt locken, aber sobald ihr drauf seid, wird sich die Welt zu etwas sehr Einfachem verwandeln und ihr werdet wieder in Höhlen landen, euch vor Tieren schützen und gegenseitig ausrauben und abschlachten. Wir verlieren den Kontakt zu euch. Wir schaffen es nur über Tara in die Welt. Sobald ihr eure eigene Maschine habt, werden wir den Krieg verlieren. Wir sind nicht die Einzigen, die sich Sorgen machen. Wir gehören zu einer galaktischen Föderation, die sich verpflichtet hat, in gar keinem Fall Einfluss auf die Entwicklung einer fremden Zivilisation zu nehmen. In eurem Fall können wir eingreifen, weil es sich hier um unsere eigene Zivilisation handelt. Wir selbst sind Atlanter von Tara und auch wenn wir uns gespalten haben, gehören wir zu einem Volk. Wenn wir versagen, wird Atlantis womöglich so stark werden, dass sie uns ausrotten werden. Wir werden uns auch nicht lange verstecken oder weit fliehen können, da unsere Energievorkommen nicht ausreichen werden, weit zu entkommen und eine neue Zivilisation aufzubauen.

Wenn ihr in der neuen Weltordnung aufgeht, wird die Welt solange nicht existieren. Euch wird die neue virtuelle Welt anlocken. Jeden Feierabend werdet ihr euch für die paar Stunden an die Maschine einklinken. Wenn die Atlanter soweit sind, dass sie euch für den Erhalt der Illusion nicht mehr brauchen, werden sie euch dauerhaft in der virtuellen Welt halten. Alles was war, ist nicht mehr, und alles, was sein wird, wird nie existiert haben. Während des Krieges werden wir versuchen, die Schwäche der Maschine auszunutzen und uns mit unseren Flugscheiben auf der Erde einzuloggen. Wir werden an eurer Seite mit unseren Flugscheiben gegen die der Atlanter kämpfen. Parallel werden wir Tara beobachten, um so viele wie möglich, die erwachen, zu uns zu holen. Atlantis wird davon Kenntnis haben, doch sie wissen, dass wir nicht stark genug sind, sie zu zerstören. Sie wissen auch, dass wir die Maschine nicht zerstören, obwohl wir die Gelegenheit dazu hätten. Sollten wir die Maschine zerstören, wäre es so, als ob wir euch getötet hätten. Wir haben uns nicht umsonst zu dem entwickelt, was wir jetzt sind. Sollten wir euch töten, wäre es mit einem Selbstmord gleichzusetzen. Töten wir euch, ist es so, als töteten wir uns selbst. Der Krieg auf der Erde wird wie beschrieben nicht lange dauern. Wir werden mit unseren Flugscheiben auch nicht viel ausrichten können. Der Angriff dient nur dazu, um den wahren Jesus zu euch zu bringen. Ihr werdet die Wahl haben, welchem Jesus ihr euer Vertrauen schenkt. Lest die Schriften, versucht herauszufinden, wer Jesus wirklich war. Versucht, sein Energiefeld zu lesen. Ihr werdet die Entscheidung selbst treffen müssen. Solltet ihr euch für den Echten entscheiden, haben wir doch noch die Chance, euch alle zu befreien. Die Maschine wird so schwach werden, dass wir Tara einnehmen können. Sie wäre dann nämlich energielos, die Kraftfelder wären nutzlos und wir könnten einmarschieren.

Was wird geschehen, sollten wir euch tatsächlich befreien? Ihr würdet erwachen und sehen, wie ähnlich Tara eurer Erde ist. Ihr müsstet euch an die Farben gewöhnen. Diese sind viel kräftiger und heller als auf der Erde. Ihr müsstet euch wieder an das Atmen gewöhnen. Die Luft ist viel sauberer als die, die man euch geboten hat. Auf Tara herrscht eine Stille, dass man die Käfer kriechen hört. Ihr werdet merken, dass Wiesen und Bäume versuchen, mit euch zu kommunizieren. Das ist aber keine Kommunikation. Die Natur merkt, wie geschwächt ihr seid, und versucht euch mit Energie zu versorgen. Die Sonne auf Tara ist viel größer und leuchtet viel heller. Das Klima ist ideal an eure Körper angepasst. Ihr werdet sehen, dass wir drei Monde haben. So einen blauen Himmel habt ihr noch nie gesehen. Überall duftet es nach frischer Natur. Das Wasser ist kristallklar, die Bäume sind voller Früchte. Kein Stück Land ist mit Beton oder Stahl verklebt. Alles soll und darf atmen. Die Männer tragen weiße Anzüge, die sich der Haut anpassen, sie tragen keine Schuhe. Die Frauen tragen alle prächtigen Kleider, die ihre Farben ändern. Um den Hals tragen sie Ketten aus Bernstein oder Blumenkränze. Die Gesichter sehen weich aus, ohne irgendwelche Puder oder andere Stoffe. Ihre Augen werden nicht etwa durch Öl betont. Vielmehr strahlen ihre Augen selbst. Alle Menschen sehen glücklich aus. Keiner macht den Eindruck, als sei er gestresst, schlecht gelaunt, wütend oder traurig. Selbst die Alten machen einen viel frischeren Eindruck als bei euch auf der Erde. Die Menschen behandeln euch so, als wärt ihr nie weg gewesen. Ihr werdet Kinder spielen sehen, miteinander und nicht vor irgendeinem Gerät. Die Kinder schämen sich nicht, sie kommen auf euch zu, stellen euch neugierige Fragen. Wollen von euch lernen. Ihr werdet von den Kindern lernen. Weit und breit ist kein Haus oder andere Bauten zu sehen. Soweit man schaut, sieht man nur Wiesen, Blumen und Bäume. Die Felder blühen in unterschiedlichen Farben. Die Tiere laufen frei herum. Scheuen sich nicht vor den Menschen. Selbst Tiger und Löwen, Katzen und Hunde haben keine Angst voreinander. Ihr werdet erkennen, dass die Welt, in der ihr gelebt habt, eine Fiktion war. Und man euch eine Kopie von einer Welt geschaffen hat, mit allen Gegensätzen zu Tara. Alles was ihr auf der Erde erlebt und gesehen habt, steht auf Tara im Gegensatz. Ihr werdet wieder lernen müssen, dass es nichts Böses gibt, wenn man es nicht zum Bösen macht. Ein Löwe wird erst zum Raubtier, wenn die Überzeugung ihn zum Raubtier macht. Ein Mensch ist gereizt, wenn man gereizt auf ihn zugeht. Ein Mensch kann nur hassen, wenn man ihm mit Hass begegnet. Ein Mensch ist nur ängstlich, wenn man ihn ängstigt. Ihr müsst wieder lernen, eure Emotionen zu kontrollieren. Es kann eine Weile dauern, aber ihr werdet merken, wie schnell das geht. Wir haben auch viele Generationen gebraucht, um zu verstehen, dass wir Einfluss darauf nehmen können, wie wir sind. Wir sind so, weil wir uns zu dem gemacht haben, was wir sind, weil wir so sein wollten, wie wir sind. Wir hatten auch Psychologen, die meinten, uns das Verhalten zu erklären. Fragen, auf die sie keine Antworten fanden, erklärten sie mit den Genen. Das Perfide daran ist, dass ihr immer Antworten in euren Genen finden werdet, weil ihr sie im Laufe eures Lebens permanent beschreibt. Eure Psychologen und Wissenschaftler gehen davon aus, dass ihr von Anfang an mit Genen zur Welt kommt, auf denen euer weiteres Leben basiert. Dies ist allerdings ein Trugschluss. Nicht die Gene beeinflussen euer Sein, sondern euer Sein beeinflusst die Gene. Euer genetischer Code ist viel mehr als nur ein Bauplan. Eher ein Programm, das darauf wartet, beschrieben zu werden, ein Buch mit leeren Seiten, dass mit Buchstaben befüllt werden möchte. Solange ihr das nicht kapiert, werdet ihr euch immer auf dem falschen Pfad befinden. Waren wir böse, waren wir nur böse, weil wir böse sein wollten. Haben wir gehasst, haben wir nur gehasst, weil wir hassen wollten. Diese Grundlagen müssen euch verständlich werden. Du bist nicht auf deinen Nachbarn neidisch, weil er dich neidisch machen möchte. Du bist neidisch, weil du selbst neidisch sein möchtest. Du versprühst keine Angst, weil du mutig bist. Du versprühst Angst, weil du ängstlich bist. Du bist nicht stark, wenn du jemanden verprügeln kannst. Du bist schwach, weil du Angst hast, verprügelt zu werden. Weil die Menschen auf Tara das alles und noch viel mehr verstehen, werdet ihr euch sehr wohl bei ihnen fühlen. Ihr werdet auf Tara keine Bauten sehen, weil sie unsichtbar sind. Sehr wohl besitzen wir Häuser, Schulen, Universitäten und andere Bauten. Diese bestehen aus Energiefeldern. Würde man die Häuser und Bauten sichtbar machen, dann würden alle unsere Bauten wie eine Schneekugel aussehen. Sie sind deshalb so ausgerichtet, damit die Energien fließen können. Wären die Häuser eckig, würden wir den Energiefluss unruhig machen und somit nicht nutzbar. Stellt euch vor, dass alles Energie abgibt und aufnimmt. Im Grunde genommen ist alles Energie. Sie formt sich nur unterschiedlich. Jede Form von Energie bedeutet auch jede Form von Leben. Jetzt stellt euch einmal vor, ihr wärt ein Wassertropfen in einer Rohrleitung. Wann würdet ihr euch am wohlsten fühlen? Wenn die Rohrleitung geradeaus verlaufen würde und ihr auf einem durchgehenden Fluss, mit durchgehend gleicher Geschwindigkeit, fließen könntet oder in einer Rohrleitung mit Kurven und Kanten, wo ihr schneller und langsamer werdet und andauernd irgendwo gegenstoßt? Mit solchen Augen sehen wir die Welt und versuchen so wenig wie möglich, auf die Natur Einfluss zu nehmen oder sie zu verändern. Wenn ein Baum an einem Ort gewachsen ist, dann könnt ihr euch sicher sein, dass er den perfekten Ort ausgewählt hat. Wenn ihr jetzt kommt und meint, ihr müsst ihn abholzen, weil er eurer Meinung nach sich den falschen Ort ausgesucht hat, fügt ihr nicht nur dem Baum einen Schaden zu, sondern auch euch selbst. Es nutzt auch nichts, den Baum umzupflanzen. Es wäre genauso, als ob euch einfach einer umpflanzen würde. Ihr müsst lernen, mit der Natur zu leben. Kooperiert mit dem Baum und ihr werdet sehen, dass der Baum mit euch kooperiert. Braucht ihr Holz zum Heizen, so gibt er euch Holz. Und wenn er kein Holz zu vergeben hat, dann hat sicherlich ein anderer Baum Holz für euch, das ihr verbrennen könnt. In eurer Welt ist es nicht möglich, weil ihr meint, dass ihr für euren Konsum alle Bäume fällen müsst, und ihr lasst die Erde nicht atmen, indem ihr sie zukleistert. Alles, was sie euch beigebracht haben, habt ihr so gelernt, wie ihr es nie lernen solltet. Sie haben euch Tara auf den Kopf gestellt. Jetzt müsst ihr wieder lernen, umzudenken. Nehmt die kurzen Erkenntnisse von Tara mit und versucht, sie auf eurer Erde anzuwenden. Schwer wird es, weil viel zu viele genau auf dem Kopf stehen. Ihr könnt es trotzdem mal ausprobieren. Wahrscheinlich werdet ihr für einen Außerirdischen oder einen bekloppten Spinner gehalten. Wenn ihr euch nicht traut, in der Öffentlichkeit so zu handeln, dann schaut euch eure Medien an und redet mit den Darstellern. Wenn sie behaupten, sie sind Demokraten, dann sind sie genau das Gegenteil, dann sind sie Faschisten. Wenn sie meinen, sie wollen euch helfen, dann wollen sie genau das Gegenteil, nämlich euch schaden. Wenn sie euch sagen, sie wollen euch was geben, dann wollen sie euch ausrauben. Wenn sie sagen, sie wollen das Klima schützen, so wollen sie das Klima zerstören. Wenn sie euch sagen, sie wollen Tiere schützen, dann schützt die Tiere vor ihnen. Denn sie wollen den Tieren Schaden zufügen. Wenn sie euch sagen, sie wollen die Krankheit besiegen, so wollen sie euch krank machen. Wenn sie euch sagen, sie wollen euch etwas geben, so wollen sie euch etwas wegnehmen. Wenn sie euch sagen, wir müssen euch vor ihm schützen, so müsst ihr euch vor denen schützen, die das sagen. Wenn sie euch sagen, das ist gut für euch, so ist es meist schlecht. Wenn euch jemand sagt, einer habe das oder das über dich erzählt, dann denkt derjenige, der euch das sagt, selbst so über euch. Wenn dir jemand sagt, du kannst ihm trauen, dann traue ihm nicht. Wenn dir einer erzählt, er wolle dir Lebensqualität geben, so will er sie dir nehmen. Ich könnte jetzt noch weitere Beispiele geben, aber um den Sinn zu vermitteln, sollte es eigentlich reichen.

Ihr werdet den richtigen Jesus so erwarten, wie er in den Büchern beschrieben ist. Er wird sich für euch opfern und euch auf liebevolle Art und Weise befreien. Er wird womöglich den Atlantern die andere Wange hinhalten und diese werden so verwirrt sein, dass sie aufgeben. Denkt ihr das? Dem wird nicht so sein, denn Jesus kommt, um zu kämpfen und zu zerstören. Je mehr Menschen er von euch tötet, umso mehr werden auf Tara aufwachen und umso mehr können wir zu uns rüberbeamen. Doch ihr müsst an ihn glauben. Wenn ihr nicht glaubt, werdet ihr in einem selbst erdachten Himmel aufwachen und ihr werdet es schwer haben, in eurem echten Körper auf Tara aufzuwachen. Wenn er kommt, um euch zu helfen, so will er euch schaden. Wenn er kommt, um euch zu schaden, so kommt er, um euch zu helfen. Behaltet das in euren Hinterköpfen, und wenn es soweit sein wird, wisst ihr, wie ihr zu reagieren habt. Schaut mal auf eure jetzige Situation. Wie vernarrt manche an etwas glauben! Wie wahrscheinlich ist es, dass die meisten von euch auf den Jesus zugehen werden, der sie tötet, nur weil sie fest davon überzeugt sind, er sei der richtige Messias? Und wie viele werden auf den Jesus zugehen, der ihnen eine schöne neue Welt bietet? Die Aussichten sind nicht besonders rosig, oder? Ihr könnt nicht einmal jetzt zwischen richtig und falsch unterscheiden und wählt eure Henker noch. Die Hoffnung sollte sich jedoch niemand nehmen lassen. Noch ist die Zeit nicht gekommen. Noch haben wir, habt ihr, genug Zeit, die Wahrheit unter die Leute zu bringen. Wartet nicht, dass euch irgendwelche Engel helfen. Werdet selbst zu Engeln. Zu all dem muss es nicht kommen, wenn ihr beginnt, umzudenken.

DIE WAHRE WELTREGIERUNG

Jetzt schon habt ihr eine geheime Weltregierung! Die Amerikaner sagen, es sei der versteckte Staat. So Unrecht haben sie mit der Aussage nicht, bloß ist dieser nicht so versteckt, wie behauptet wird. Wir haben euch aufgezeigt, wie mächtig die Medien sein können. Nutzt die Medien und ihr werdet herausfinden, wo die wahre Weltregierung ihren Sitz hat und wie sie handelt. An welche Organisation trauen sich die Medien nicht ran? Sind es die Juden? Nein! Auch über Israel dürfen sie Kritik ausüben. Netanjahu kämpft gegen viele Vorwürfe. Wenn es die Juden wären, wäre es still um sie in den Medien und sie müssten ihre Probleme selbst lösen.

Ist es der Papst und der Vatikan? Nun ja. Sie wissen Bescheid. Aber einen direkten Einfluss über die Machenschaften auf dieser Welt haben sie auch nicht. Die Zeiten sind vorbei, als alles über den Vatikan geregelt wurde. Sie dürfen mitspielen, einen Teil von euch weiter manipulieren. Die Medien zeigen euch deutlich auf, dass die Zeit des Papstes und des Vatikans zu Ende geht. Auch in dieser Brühe dürfen sie nun wühlen. Sie zeigen euch Dokus über die Machenschaften der Päpste im Laufe der Geschichte, der katholischen Kirche, oder decken Skandale im Zentrum des Vatikans auf. Nein! Sie sind es auch nicht. Wenn sie es wären, wäre es weiterhin still um den Kindesmissbrauch in der Kirche.

Ist es die FED[4]? Der Zusammenschluss mächtiger privater Banken, die auch heimlich eine geheime Weltregierung installiert haben? Nein, sie auch nicht! Sie helfen der Weltregierung dabei, ihre Ziele schneller zu erreichen, indem sie die Märkte manipulieren. Sie selbst bilden sie jedoch nicht.

Sind es wieder Diktatoren, die sich hinter dem Deckmantel der Demokratie verstecken, wie Putin oder Trump? Es sind zwar Faschisten, die sich hinter einer Demokratie verstecken! Aber sie sind es auch nicht. Sie sind Opfer, die nur denken sollen, sie seien Mitstreiter auf dem Schachfeld der Erde.

Sind es die Königsfamilien, die ihre Macht verloren haben? Ist der Brexit ein Zeichen für euch, dass sich der Adel aus den Fängen der Welt befreien konnte und nun eine Weltregierung hat? Nein! Sie sind es auch nicht. Sie dürfen euch nur weiterhin auf die Straßen locken, damit ihr sie anhimmelt.

Oder sind es mächtige Staaten wie Amerika, mit ihrem Firmenimperien und ihrer Kriegsmaschinerie? Oder Europa, das die Weltbühne betreten will? Oder China, das

---

4 Federal Reserve System Zentralbank der USA

unaufhaltsam jeden von der Bühne verdrängt und seinen Einfluss überall auf der Welt installiert hat? Nein! Sie alle sind Schachfiguren auf dem Spielfeld Erde!

Doch wen oder was rühren die Medien nicht an? Bei wem oder was finden sie überhaupt keine Mängel? Wer oder was ist vollkommen fehlerlos, nicht kritikwürdig? Und wenn Kritik ausgeübt wird, dann nur aus eigenen Reihen, die dazu führt, dass ihr noch weiter eingeengt werdet. Die geheime Weltregierung, der Deep State, sind die Vereinten Nationen. Die UNO! Über ihnen Atlantis!

Das Gefährliche an der UNO ist, dass sie unsere Gesetze verwenden und absichtlich falsch an euch weitergeben. Sie sagen, ihr sollt keine Götter haben, denn Gott sei überall. Sie sagen, ihr braucht keinen Glauben an Gott, denn er sei in euch. Sie sagen, ihr müsst die Kraft Gottes nur aktivieren und ihr werdet selbst zu Gott oder eine Art Supermann. Sie sagen, ihr braucht nicht zu beten, sondern stattdessen meditieren, Yoga betreiben und Kontakt mit den Göttlichen suchen. Sie sagen euch, dass die Vielfalt nur ein menschengemachtes Bild ist und ihr euch zu einem verbinden sollt. Sie sagen, dass eure Kinder einheitlich erzogen werden sollen. Sie sagen, es gebe kein Gut und Böse. Alles sei relativ. Das eine funktioniert nicht ohne das andere. Sie wollen den Weltfrieden bewahren. Sie schützen die Menschenrechte, sie hüten die Natur. Und vieles mehr. Alles schön umschrieben und niemand könnte etwas dagegen vorweisen. Wer ist denn schon gegen die

Menschenrechte oder gegen den Weltfrieden!? Dies sind alles Weisungen, die gut klingen, die unterschrieben werden sollten. Jeder würde dies zu 100 % als gut bestätigen und sofort seine Unterschrift unter die Charta setzen. Sie machen euch vor, dass alles zufällig entstanden ist. Das kein Plan und kein Planer hinter der Welt des Universums und der Vielfalt steht. Sie wollen Gott komplett aus eurem Bewusstsein streichen und die Evolution in den Vordergrund stellen. Ohne den Glauben an Gott können es nur leere Versprechen sein, denn sie wissen, dass – wenn ihr nicht an Gott glaubt – ihr euch Götter suchen werdet. Und diese werdet ihr nur unter euch finden. Ihr werdet sie zu Göttern machen. Das wissen sie und punkten mit unseren Gesetzen bei euch. Wir hatten den Weltfrieden. Die Menschenrechte mussten nicht geschützt werden. Wir hatten sie. Auf Tara funktionieren die Gesetze, weil wir auf Gott vertrauen. Bei euch werden sie nie funktionieren, weil sie heuchlerisch sind und ihr den Herausgebern vertrauen müsst. Ihr legt euer Schicksal in die Hände einer Generalversammlung, einem Sicherheitsrat, einem Wirtschafts- und Sozialrat. Einer Treuhand, dem Internationalen Gerichtshof, einem Sekretariat und Nebenorganen. Ihr vergesst dabei, dass dahinter ganz gewöhnliche Menschen stehen. Ein Mensch oder eine Menschengruppe kann der Masse nie gerecht werden. Menschen werden immer ihre eigenen Ziele verwirklichen wollen. Ein Mensch wird nie unparteiisch handeln können. Egal, für wie gut oder böse er sich hält.

Nur wenn jeder begreift, dass hinter dem Ganzen Gott und seine mit bunter Vielfalt ausgestattete Natur steht, kann solche Gesetze ernst nehmen und braucht dafür keinen Kontrolleur aus Fleisch und Blut. So hütet euch vor den Vereinten Nationen und vor deren Unterorganisationen. Der Einzige, der sich organisieren muss, ist Satan. Glaubt an Gott und lasst euch von der Natur leiten, dann wird das Erwachen leichter für euch. Nehmt euch Tara zum Vorbild und ihr werdet sehen, wie schnell sie ihre wahren Gesichter vor euch offenbaren. Auch wenn es für euch nur eine Illusion ist. Im Kollektiv seid ihr Menschen, doch jeder von euch ist einzigartig. Ihr werdet Gott nicht in euch finden und euch zum Supermenschen entwickeln. Ihr findet ihn nur im Ganzen.

Warum hat Jahwe die Bibel unter euch verbreitet und jetzt alles dafür gemacht wird, sie schlecht zu machen? Die Bibel versuchte unseren Umgang miteinander auf Tara in einfacher Sprache darzustellen. Da man euch nicht in den Griff bekommen hatte, musste man euch unter einem Dach versammeln. Dies gelang nur mit Umgangsformen von Tara. Tara war der Schlüssel, um euch zu bändigen. Die Geschichten in der Bibel sind nicht ausschlaggebend. Wichtig ist der Umgang der Protagonisten untereinander. Wichtig sind die Reaktionen in den Dialogen. Wichtig sind die Antworten auf viele Fragen. Von Anfang an hat man das Gute, das in der Bibel beschrieben wird, zugelassen, mit dem Wissen, es eines Tages zu zerstören. Es in einem schlechten Licht darzustellen und es in Zukunft als heuchlerisch darzustellen und zu entsorgen. Dies geschah in der Vergangenheit mit dem Erschaffen neuer Religionen, die eine Konkurrenz zur Bibel darstellen sollten. Ziel war von Anfang an, euch in eine Situation zu manövrieren, in der ihr euch heute befindet. Ziel war auch von Anfang an, euch bewusst so zu verwirren, dass ihr nicht mehr in der Lage sein werdet, zwischen Gut und Böse zu unterscheiden. Sie zeigen euch die guten Ansätze der Bibel, die aber immer schlecht endeten. Siehe die Kreuzzüge, die Hexenverbrennung, der Umgang mit Wissenschaft und vieles mehr. Schuld waren für euch nicht die Darsteller, die Päpste, Bischöfe und Könige. Schuldig für euch war ein Buch, das die Wahrheit übermittelt, als dieses aber nicht anerkannt werden darf. Denn diejenigen, die das Buch übermittelt haben, hatten stets die Aufgabe, die Wahrheit zu unterbinden. Nun seid ihr in einer Zeit angelangt, die in dem Buch als Endzeit beschrieben wurde. Auf diese Zeit haben Jahwe und die Illuminaten hingearbeitet. Es war ein Meisterstück Jahwes, euch mit seinem größten Feind zu konfrontieren. Nämlich mit Gott. Sich als Gott zu offenbaren, Fehler in seinem Namen zu begehen, um euch in Zukunft gegen den wahren Gott zu manipulieren. Eure Verwirrtheit nutzen die Vereinten Nationen und ihre Unterorganisationen, wie Unesco oder Lucis Trust, aus, um ihre satanische Agenda an das Volk zu bringen und ihren wahren Herren Satan auf den Thron zu hieven. Wenn ihr nur das Buch lesen würdet und es euch nicht hättet erklären lassen, würdet ihr erkennen, dass das, was dort beschrieben wurde, nicht für die Vergangenheit, sondern für die Gegenwart bestimmt war. Ihr befindet euch in einer so starken Verwirrtheit oder in einem so starken Tiefschlaf, dass der Endkampf nicht mehr verhindert werden kann.

Wie schon beschrieben: Jesus wird kommen. Der wahre Jesus, aber auch der Unwahre. Ich habe euch genug Informationen gegeben. Die Entscheidung liegt in euren Händen, ob ihr euch für den Jesus der UNO entscheidet oder ob ihr die Wahrheit und die wahre Liebe Jesus Christus erkennt. Entscheidet euch selbst, ob ihr euer Schicksal weiter in die Hände eines falschen Gottes, Jahwe, legt, der euch in eine virtuelle Zelle sperrt. Oder in die Hände des richtigen Gottes, des auf ewig Unbekannten und der Vielfalt seiner Natur.

FRAGEN AN LYNN

John: Warum hast du mich ausgewählt?

Lynn: Ich habe dich nicht ausgewählt. Du hast mich ausgewählt.

John: Ich kann mich nicht erinnern. Kannst du mir sagen, wo und wann das war?

Lynn: Erinnerst du dich noch an deine imaginäre Freundin? Du warst 7 Jahre alt.

John: Die Erinnerung ist sehr verschwommen. Irgendwie habe ich mich geschämt.
Und selbst nicht wirklich dran geglaubt.

Lynn: Ja, du warst schon etwas älter als die meisten Kinder, die eine imaginäre Freundin haben. Dennoch hast du mich immer wieder um Hilfe gebeten.

John: Was hat das jetzt mit deinem Erscheinen zu tun?

Lynn: Jetzt brauche ich deine Hilfe!

John: Du warst das?

Lynn: Ja!

John: Unfassbar!

Lynn: Kannst du dich erinnern, als du eines Tages auf der Arbeit – du hattest Nachtschicht – ein seltsames Flugobjekt gesehen hast?

John: Ja. Ist schon etwas länger her. Da war ein Ufo am Himmel, dass sich seltsam bewegt hat. Mehr war da nicht. Ich bin einfach meiner Arbeit nachgegangen.

Lynn: Du hast sogar mit mir gesprochen!

John: Davon habe ich keine Erinnerung!

Lynn: Nein, das kannst du auch nicht. Wir haben dafür gesorgt, dass du dich an kein Wort erinnern kannst.

John: Warum habt ihr mir die Erinnerung gelöscht?

Lynn: Du warst einfach noch nicht so weit. Außerdem warst du zu krank und musstest gesund werden.

John: Krank?

Lynn: Ja!

John: Was hatte ich denn?

Lynn: Deine Seele war traurig!

John: Bin ich gesund?

Lynn: Ja! Wir haben dich geheilt.

John: Und wo?

Lynn: Auf Tara 2.

John: Wie lange war ich bei euch?

Lynn: Einige Wochen!

John: Ich musste arbeiten und habe nie gefehlt?

Lynn: Auf Tara 2 läuft die Zeit genauso schnell wie auf Tara. Aber viel langsamer als auf der Erde.

John: Daran habe ich jetzt nicht mehr gedacht.

Lynn: Warum glaubst du, dass du arbeiten musst?

John: Jeder muss arbeiten, um sich was leisten zu können!

Lynn: Merkst du, wie befangen du noch in deiner Meinung bist, obwohl wir dich das Buch schreiben ließen?

John: Das war mir nicht bewusst.

Lynn: Öffne dein Bewusstsein!

John: Und wie?

Lynn: Lass dir Zeit und hinterfrage alles. Hinterfrage jeden, hinterfrage auch mich!

John: Dazu fehlt mir die Zeit!

Lynn: Dann nimm sie dir oder hinterfrage auch dich!

John: Wie lange beobachtest du mich?

Lynn: Wir beobachten dich schon sehr lange. Es ist auch nicht dein erstes Leben.

John: Wie viele Leben lebe ich schon?

Lynn: Mehrere!

John: Seid wann beobachtet ihr mich?

Lynn: Seit dem 1. Weltkrieg, bis du nach dem 2. Weltkrieg gestorben bist.

John: Wie sah ich aus?

Lynn: Wie du aussahst, spielt keine Rolle. Du warst eine Frau!

John: Wie viele beobachtet ihr?

Lynn: Wir beobachten euch alle!

John: Und wie viele erhalten Informationen?

Lynn: Tausende!

John: Auch Erich von Däniken?

John: Seine Bücher habe ich verschlungen.

Lynn: Auch Däniken!

John: Er schreibt aber von Außerirdischen und nicht von einer Maschine.

Lynn: Die Außerirdischen sind Werkzeuge der Maschine.

John: Dann gibt es sie nicht?

Lynn: Doch! Nur nicht in eurer Welt.

John: Dann hat Erich von Däniken gelogen?

Lynn Nein!

John: Du sagtest, es gebe in unserer Welt keine Außerirdischen. Von Däniken hat so viele Bücher über sie geschrieben und ich muss zugeben, sie waren sehr einleuchtend für mich. Habe ich mich täuschen lassen?

Lynn: Nein du hast dich nicht täuschen lassen. Däniken hat auch niemanden getäuscht!

John: Jetzt bin ich verwirrt. Du sagst, es gebe keine Außerirdischen und dennoch lügt Herr von Däniken nicht?

Lynn: Nein!

John: Kannst du mir das erklären?

Lynn: Alles, was Herr von Däniken über Außerirdische herausgefunden hat, entsprich der Wahrheit. Er sollte alles so dokumentieren, wie er es dokumentiert hat.

John: Heißt das, ihr habt das so auf der Erde geschaffen, damit er es herausfindet?

Lynn: Nicht nur wir haben den Trend geschaffen!

Lynn: Er ist einer, der eine neue Sicht in die Welt setzen sollte, um euch zum Denken anzuregen!

John: Also ihr und die Atlanter?

Lynn: Genau so ist es. Denk an die These und Antithese!

John: Ihr lasst Historisches ausgraben und die Atlanter reagieren drauf?
Lynn: Größtenteils schon. Aber umgekehrt auch!

John: Ist dann Erich von Däniken gut oder böse?

Lynn: Weder noch! Er ist Atlanter wie wir alle.

Lynn: Atlanter sind nicht böse. Einige sind nur verirrt!

John: Und Däniken?

Lynn: Er ist ein Suchender!

Lynn: Genau wie du!

John: Woran erkenne ich denn, was von euch oder von den Atlantern kommt?

Lynn: Durch Wissen und dein Bauchgefühl! Indem du nicht zu vorschnell urteilst!

John: Wo kann ich mir Wissen über euch aneignen?

Lynn: Hast du doch schon gemacht. Du hast Geschichte studiert. Du hast Bücher gelesen. Du hast dir Fragen gestellt!

John: Ich kann immer noch nicht unterscheiden, was von euch geschrieben ist und was von den Atlantern. Mein Bauchgefühl schwingt hin und her!

Lynn: Das soll es auch. Ihr sollt verwirrt bleiben. In all den Sagen und Mythen und all den Büchern und Filmen haben wir so wie sie mitgewirkt.

Lynn: Nach den Büchern, an denen wir mitgewirkt haben, werden von ihnen Ähnliche gedruckt.

John: Jetzt bin ich baff!

Lynn: Deshalb ist es für normale Menschen gut, euch Glauben zu schenken. Weil die Bücher oft im Gegensatz stehen.

John: Und wie kommen wir zu der Wahrheit?

Lynn: Euch allein nützt die Wahrheit nichts. Arbeitet an euch und lernt eure Intuition kennen!

John: Intuition? Schon wieder so ein Schlagwort!

Lynn: Jeder hat sie! Such nach ihr! Und lerne sie kennen!

John: Und wo finde ich sie?

Lynn: Dein Bauchgefühl zeigt dir den richtigen Weg!

John: Wo finde ich den richtigen Weg?

Lynn: Wenn du dir Wissen aneignest!

John: In Büchern, Mythen und Legenden. Indem ich sie lese und hinterfrage und auf mein Bauchgefühl höre.

Lynn: Findest du deine Intuition!

Lynn: Du hast es verstanden!

John: Was ist mit Zacharias Sitchin?

Lynn: Sitchin ist Atlanter. Unwissender! Wir haben an den Büchern nicht mitgewirkt. Er beschreibt die Tafeln sehr genau und sehr gut, aber er sollte die Tafeln finden. Das ist ein Werk unserer Gegner, dennoch sehr lesenswert. In seinen Büchern könnt ihr viel über das Wirken von Atlantis erfahren.

John: Und was ist mit Platon?

Lynn: Platon, das war eine lustige Geschichte!

John: Inwiefern?

Lynn: Platon ist kurzzeitig aufgewacht. Er hat Atlantis tatsächlich gesehen. Doch als er an die Maschine wieder angeschlossen wurde, hat er vieles vergessen. Einiges durfte er in die Welt mitbringen.

John: Und warum?

Lynn: Dank Platon habt ihr euch auf die ewige Suche nach etwas Mystischem gemacht. Was ihr nie finden werdet. Dank Platon identifizieren sich einige mit den Atlantern. Wie ihr wisst, auch zu Recht. Doch Platon hat das Bild des guten Atlanters in die Welt gesetzt. Viele denken, sie seien Atlanter und lenken einige Suchende auf den falschen Weg.

John: Habt ihr an dem Film die Matrix mitgewirkt?

Lynn: Wir haben auch an der Matrix mitgewirkt. Doch an dem Film wurde sehr viel gedoktert. Die Matrix ist empfehlenswert, aber nur für diejenigen, die sich schon lange auf der Suche befinden. Für Laien ist dieser Film sehr gefährlich, weil er euch verdeutlichen soll, dass ihr gegen solch eine Macht machtlos seid. Und dass ihr erwachen werdet und unter der Erde endet. An einem dunklen Ort. Wie ihr wisst, entspricht es dem Gegenteil!

John: Kannst du uns Tara noch mehr beschreiben?

Lynn: Wir werden dich für einige Zeit mit uns nach Tara 2 nehmen. Dann kannst du Tara in einigen Texten beschreiben. Oder du schreibst ein 2. Buch!

John: Wann wird es so weit sein?

Lynn: Wenn die Leute mehr über Tara erfahren wollen!

John: Wie kommen wir an der Maschine vorbei?

Lynn: Du gar nicht! Wir nehmen dich wie schon mal auf eine unsere Flugscheiben und zeigen dir eine Illusion von Tara!

John: Illusion?

Lynn: Du magst zwar viel gelernt haben, aber damit du aufwachst, fehlt dir anscheinend noch Vertrauen und der Glaube. Darauf haben wir aber keinen Einfluss.

John: Wie merke ich, dass ich so weit bin?

Lynn: Ganz einfach!

John: Wie?

Lynn: Du wachst einfach auf und wir transferieren deine Seele in eine Kopie deines Körpers.

John: Dann bin ich wohl nicht so weit, wie ich dachte!

Lynn: Nein! Sonst wärst du hier bei mir!

John: Jetzt bin ich ein wenig enttäuscht.

Lynn: Sei nicht so ein Egoist!

John: Egoist?

Lynn: Ja, wir brauchen dich noch. Denk nicht nur an dich. Denk auch an die anderen. Denn wenn wir nicht alle aufwecken, dann bleibt alles sinnlos!

John: Ich merke, dass mir wirklich noch viel Wissen fehlt. Ich hätte nicht gedacht, dass – nachdem ich deine Worte aufgeschrieben habe – ich noch so viel von der Maschine beeinflusst werde.

Lynn: Haltet durch. Ihr macht es gut!

John: In dem Buch redest du oft über das Okkulte, Satan, das Licht und die Sonne. Du sagst aber auch, dass ihr die Sonne und das Geistige und Mystische verehrt. Wie sollen wir das deuten?

Lynn: Wir haben keine Absicht, euch auf der Erde eine neue Religion zu schaffen. Wir wollen euch befreien. Alles was ihr auf der Erde lest und hört, was mit Geistern, Göttern und dem Licht zu tun hat, könnt ihr getrost als Seelenfänger einstufen. Solange sie euch die Erde als Erlösung bieten. Ich wollte euch nur die Verbindung zu Atlantis aufzeigen.

John: Können wir dann davon ausgehen, dass all die Bücher, die über Lichtgestalten und andere Planeten geschrieben wurden, gefährlich sind?

Lynn: Gefährlich auf jeden Fall!

Lynn: Doch sie nutzen gerne unsere Weisheiten, um euch zu fangen. Die könnten euch sogar nützlich sein!

John: Also nicht verbieten?

Lynn: Verbieten sowieso nicht. Verbieten ist negativ belastet und verstößt gegen unsere Moral!

John: Also lieber mit Vorsicht genießen!

Lynn: Wenn die Moral der Bücher damit endet, dass ihr auf einem anderen Planeten euren Frieden findet oder als Lichtgestalten oder gottähnliche Wesen endet. Auf jeden Fall!

John: Du hast gesagt, dass auch ihr vom Sonnenlicht lebt. Wie ist das zu verstehen?

Lynn: Wir leben nicht direkt vom Sonnenlicht. Wir leben von den Pflanzen, die sich mit Sonnenenergie vollsaugen. Wenn die Pflanze vollgeladen ist, opfert sie sich für uns und erlaubt uns, sie zu essen!

John: Was atmet ihr?

Lynn: Genau wie ihr atmen wir Sauerstoff. Auf Tara ist die Konzentration an reinem Sauerstoff viel höher als bei euch. Dies lässt uns gesünder und auch länger leben. Deswegen behandeln wir auch unsere Pflanzen so gut. Sie geben uns Sauerstoff und wir geben ihnen ein schönes Klima und genügend CO^2 zum Überleben!

John: CO²?

John: Habt ihr keinen Klimawandel?

Lynn: Klimawandel durch Erhöhung des CO²-Gehaltes halten wir, auch wenn es nur eine Illusion ist, für einen Witz!

John: Weißt du, warum sie uns die Angst vor dem Klima machen?

Lynn: Weil sie Angst vor uns haben!

John: Kannst du das noch mal kurz wiederholen?

Lynn: Wir haben auf einer unserer Basen einen kleinen Nachbau der Maschine von Atlantis gebaut. Uns ist es gelungen, die Maschinen miteinander zu verbinden. So können wir unsere Leute direkt auf die Erde einschleusen, ohne dass sie in Gefahr geraten!

John: Warum ging es bei Jesus nicht?

Lynn: Wir hatten damals viel zu wenig Energie, um eigene Maschinen zu betreiben. Außerdem ist und bleibt die Maschine eine bewusstseinsveränderte Maschine. Und wir können nicht noch mal den Fehler wiederholen. Daher müssen wir sehr vorsichtig sein. Und schleusen uns auch so ein, wie wir auch wirklich sind. Das bedeutet, dass wir auch eigentlich viel mehr Sauerstoff brauchen, um auf der Erde zu überleben.

John: Es geht ihnen nicht um uns?

John: Mist! Schon wieder ertappt.

Lynn: Alles, was sie machen, ist gegen die Menschheit. Sie nutzen vieles als Vorwand, um euch im Dunkel zu lassen. Und uns am liebsten auch!

John: Warum wollen sie euch im Dunkel lassen?

Lynn: Sie wissen von der Existenz unserer Maschine. Und sie wissen, dass wir unter euch agieren. Sie wissen aber auch, dass wir viel mehr Sauerstoff benötigen und versuchen, uns die Luft abzudrehen!

John: Drehen sie sich selbst dann nicht auch die Luft zu?

Lynn: Nein, denn die meisten von ihnen werden unter euch geboren oder leben nur kurzfristig bei euch!

John: Die schwarzen Atlanter? Und die Illuminati?

Lynn: Die schwarzen Atlanter kommen genauso wie wir vollständig zu euch. Die Illuminati und Freimaurer leben genauso wie ihr, eine Illusion. Dies haben wir aber schon beschrieben!

Lynn: Die schwarzen Atlanter würden genau wie wir ersticken!

John: Ist der Klimawandel dann nicht ein Zeichen, das wir uns vor dem Endkampf befinden?

Lynn: So könnt ihr es sehen. Wenn sie das Klima zerstören, dann können die schwarzen Atlanter hier auch nicht überleben. Sind somit dann nutzlos. Nutzlos werden sie nur, wenn sie der Meinung sind, dass sie den Kampf gewonnen haben!

John: Jetzt verstehe ich wieder nicht. Sie retten doch das Klima?

Lynn: Ja das behaupten sie. Aber schaut doch mal genauer hin!

Lynn: Sie zerstören eure Pflanzenwelt. Lassen die Erde nicht mehr atmen, in dem sie alles zukleistern, wo etwas wachsen könnte. Gleichzeitig versuchen sie die wichtigste Nahrungsquelle für die wenigen Pflanzen, das CO_2, zu verteufeln. Als ob das noch nicht genug wäre, besprühen sie eure Atmosphäre mit giftigen Metallen und Stoffen, damit das Sonnenlicht von uns ferngehalten wird.

John: Jetzt verstehe ich auch, warum sie so hartnäckig sind!

John: Haben sie auch deswegen die UNO geschaffen?

Lynn: Ja, unter anderem. Die UNO ist eure zukünftige Weltregierung!

John: Warum hast du darüber nicht viel geschrieben?

Lynn: Das hat gereicht!

John: Wäre es nicht wichtig, die UNO näher zu betrachten?

Lynn: Das würde den Rahmen sprengen. Und um dies zu verstehen, was wir vermitteln wollen, reichen kurze und knappe Beschreibungen. Daran sollt ihr aufbauen und alles andere erschließt sich von selbst, wenn ihr mit offenem Bewusstsein durchs Leben schreitet!

John: Kannst du mir mehr über Adolf Hitler sagen?

Lynn: Hitler war ein Suchender, der sich auf der Suche verlaufen hat. Er war ein gutes Mittel, um euch diese

Zukunft zu schaffen. Hitler war ein Narr. Atlantis arbeitet viel mit Narren und ist auch sehr erfolgreich mit ihnen!

John: Du meinst alles, was nach dem 2. Weltkrieg erreicht wurde, haben wir im Endeffekt Hitler zu verdanken?

Lynn: Dafür haben sie ihn auserwählt!

Lynn: Das haben wir auch kurz durchgenommen. Sie brauchten quasi 2 Narren und 2 Narrensysteme. These und Antithese. Um eine dritte These zu schaffen. Somit konnten sie gleich 2 unbeliebte Systeme in den Köpfen der Menschen loswerden!

John: Der 1. Weltkrieg?
Lynn: Diente nur dazu, der FED die Macht zu geben und die Monarchie zur Hölle zu jagen!

John: Kannst du uns noch mehr über die FED erzählen?

Lynn: Könnte ich schon. Auch dies würde den Rahmen sprengen. Außerdem steht schon viel über die FED geschrieben, sodass wir hier nicht drauf eingehen müssen!

John: Es gibt so lustige Thesen, dass Hitler überlebt hat und in Südamerika alt wurde.

John: Ist da was dran?

Lynn: Eigentlich ist es nicht wichtig, ob Hitler überlebt hat. Wichtig ist, dass sein Tun für Atlantis erfolgreich war!

Lynn: Aber nein, Hitler hat nicht überlebt. Hitler wurde 1939 vor dem Polen-Feldzug ermordet und durch einen anderen ersetzt!

John: Soll das heißen, ein anderer hat den Holocaust zu verantworten? Ein Doppelgänger?

Lynn: Das System war erfolgreich. Lass uns lieber nicht über den Holocaust sprechen!

John: Können wir über das Judentum und über die Juden sprechen?

Lynn: Das Judentum und die Juden sind nicht so mächtig, wie sie gerne wären und wie behauptet wird. Es ist richtig, dass sie sehr reich sind, aber es stimmt nicht, dass sie sich gegen euch verschworen haben!

John: Viele werden dies nicht glauben. Warum wurden sie immer verfolgt?

Lynn: Die Juden sind nur Urlauber von Tara, die unter euch in Luxus leben wollen. Hier auf der Erde wissen sie nichts über ihre Existenz. Sie glauben an Jahwe, wie er in der

Thora beschrieben wurde. Und das ist falsch. Es sind unsere Freunde, die sich nach dem Krieg auf Tara gegen uns gewendet haben. Wir machen ihnen auch keine Vorwürfe. Sie hätten sonst nicht anders überlebt. Für sich haben sie noch das Beste ausgehandelt. Wahrscheinlich würden wir auch so reagieren, wenn wir in Gefangenschaft geraten wären.

Lynn: Ihr solltet die Juden endlich in Ruhe lassen!

John: Aber was ist mit den Büchern, die über sie geschrieben wurden? Ist das Buch ‚Die Protokolle der Weisen' von Zion eine Fälschung?

Lynn: All die negativen Bücher, die über die Juden und das Judentum geschrieben wurden, dienen nur Atlantis und euch, damit ihr einen Schuldigen findet!

Lynn: Das Buch über die Weisen von Zion ist keine Fälschung. Doch dies beschreibt nicht, was die Juden vorhaben, sondern Jahwe!

John: Sie glauben doch an Jahwe?

Lynn: Das ist auch alles!

John: Dann wollen sie doch die neue Weltordnung einführen!

Lynn: Sie hätten gerne ihren Jahwe in ihrem Tempel. Der Jahwe, den sie in ihren Büchern beschreiben, hat nie existiert. Er ist genauso erfunden wie Gott in der Bibel und Allah im Koran.

John: Aber Jahwe existiert doch auf Tara!

Lynn: Auf Tara schon. Aber der Jahwe, an den die Juden glauben, ist eine Fiktion!

Lynn: Für Atlantis sind die Juden auch Narren, die ein Mittel zum Zweck darstellen. Mit Erfolg, wenn man in Betracht zieht, was nach dem 2. Weltkrieg durch sie erreicht wurde.

John: Ich merke, dass die Zeit noch nicht reif genug ist, um darüber weiter zu reden. Lassen wir es lieber.

Lynn: Die Menschen werden selbst merken, dass etwas nicht stimmt!

John: Warum hatten die Leute so lange unter dem Kommunismus zu leiden?

Lynn: Weil man ein viel schlimmeres System etablieren wollte. Dafür mussten mehrere Generationen unter den Kommunisten leiden. Nach so einer langen Durststrecke konnte man die Menschen viel leichter von dem globalen Kapitalismus überzeugen!

John: Ist der globale Kapitalismus also das neue System?
Lynn: Nein! Er soll euch nur etwas Frieden geben, er soll euch verblenden, bis es zum Endschlag kommt!

John: Wird der Sozialismus als Antithese aufgebaut?

Lynn: Richtig erkannt. Schau mal, wie die Medien nicht müde werden, selbst den Kapitalismus zu kritisieren!

John: Dann ist das der Sozialismus?

Lynn: Das wird nur die Vorstufe sein. Wenn es zu spät sein wird, entpuppt sich der Sozialismus zum globalen Faschismus unter der Führung Satans!

Lynn: Vorher gut getarnt unter dem Deckmantel der Demokratie!

John: Demokratie ist schlecht?

Lynn: Demokratie funktioniert nicht in der Masse. Sie dient nur zur Erblindung der Massen. In Wahrheit ist es ein auf Lügen basiertes, dämonisches System.

John: Demokratie müssten wir eigentlich in Dämon-kratie umschreiben. Ist irgendwie einleuchtend!

Lynn: Gut erkannt! Es handelt sich um ein mystisches dämonisches System!

John: Also landen wir im Faschismus!

Lynn: Sie landen im Faschismus! Ihr werdet versklavt und die meisten von euch werden sie auslöschen!

John: Das klingt düster!

Lynn: Soll es auch! Ihr könnt es aber verhindern!

John: Wie viel Zeit bleibt uns noch?

Lynn: Achtet auf die Zeichen der Zeit!

John: Also müssen wir immer wachsam bleiben. Was hier schon irgendwie ironisch klingt!

Lynn: Richtig! Wann die Zeit kommt, können nicht einmal wir euch genau vorhersagen. Aber die Zeit drängt!

Lynn: Hast du noch andere Fragen?

John: Wie deutest du die heutige Zeit?

Lynn: Momentan versuchen sie, euch ins Chaos zu stürzen. Überall auf der Welt legen sie kleine Feuer. Sie stürzen Regierungen und vertreiben die Massen. Das Wetter spielt verrückt und die Menschen allmählich auch!

John: Kommen irgendwelche Waffen zum Einsatz?

Lynn: Schon länger, aber ihr seid euch uneins!

John: Meinst du HAARP und die Chemiestreifen?

Lynn: HAARP und die Chemtrails dienen nur der Vorbereitung.

John: Für was?

Lynn: Weißt du noch, was sie mit den Slawen gemacht haben!

John: Du meinst, sie wollen uns einschläfern und auf ihre Luftschiffe verfrachten?

Lynn: Das nicht! Aber sie wollen euch dermaßen verwirren, dass aus euch eine Art Zombies wird!

John: Wir werden uns aber nicht gegenseitig auffressen?

Lynn: Nein!

Lynn: Sie versuchen die Kommunikation zwischen eurer Seele und eurem Bewusstsein zu stören.

John: Versuchen?

John: Hast du nicht gesagt, die machen es schon?

Lynn: Sie steigern sich langsam. Weil sie nicht wissen, wie die Maschine darauf reagiert!

John: Haben sie deswegen schon so früh angefangen, die Menschen zu impfen?
Lynn: Unter anderem auch. Sie haben eure Körper mit giftigen Metallen angereichert, um das zentrale Nervensystem anzugreifen. Dies ist ihnen durch das Impfen auch gut gelungen. Aber wie schon beschrieben dient das Impfen, um gegen die Überbevölkerung einzugreifen. Außerdem des Geldes wegen. Zusätzlich ist es ihnen dadurch gelungen, ein dummes willenloses Volk zu kreieren!

John: Irgendwie wirkt es nicht an allen, oder?

Lynn: Wie gesagt, sie agieren sehr vorsichtig, damit sie die Maschine nicht zerstören!

John: Ist ein Angriff mit einer neuen Waffe schon im Gange oder noch nicht?

Lynn: Die Waffe ist schon fast angriffsbereit!

John: HAARP[5] ist doch schon aktiv!

Lynn: Sie können HAARP vielseitig nutzen. Momentan spielen sie nur mit der Atmosphäre!

John: Du lässt dir vieles aus der Nase ziehen. Jetzt sag schon, was fehlt ihnen noch?

Lynn: Du bist sehr hartnäckig!

Lynn: Kannst du es dir nicht denken?

John: Ich würde es gerne von dir hören!

Lynn: Ok!

Lynn: Durch die Impfungen haben sie euch das zentrale Nervensystem mit Metallen und Gift-Cocktails angegriffen. Jetzt müssen sie noch euren Körper anreichern. Wie du weißt, tun sie dies schon seit Jahren. Jetzt brauchen sie noch einen Leiter, der die HAARP-Wellen durch eure Körper leitet. Damit sie viele Menschen aller Altersklassen

---

5 Radiowellenwaffe

erwischen, besprühen sie euch mit dem Aluminium und radioaktiven Substanzen.

John: Die meisten halten dies für eine Verschwörungstheorie!

Lynn: Sie ist es auch!

Lynn: Eine Verschwörung gegen die Menschheit!

John: Was sind denn die Leiter?

Lynn: Sie beschießen euch schon seit Jahren mit immer größer werdenden Strahlen. 2G, 3G, und LTE. Die nächste Stufe wird sein: 5G. Wie ihr darauf reagieren werdet, werden wir noch sehen. Wahrscheinlich werdet ihr nicht in die Luft fliegen, wie einige behaupten. Sicherlich werdet ihr aber immer verrückter und kränker, ohne es zu merken!

John: Die Menschen werden auf ihre Smartphones nicht verzichten. Das werden sie für eine weitere Verschwörungstheorie halten!

Lynn: Sieht alles danach aus. Wir denken aber, dass sich viele Sorgen machen werden, nachdem immer mehr Menschen erkranken.

John: Was ist mit Trump. Kann er etwas bewirken?

Lynn: Wir haben viel Hoffnung in ihm!

John: Ist er keiner von euch?

Lynn: Hatten wir doch schon! Wir haben nur einige Helfer auf der Erde, diese sitzen aber nicht auf irgendwelchen Posten, sondern sind unter dem Volk verteilt. Wir nehmen Einfluss auf Trump und seine Regierung, wir sind aber nicht die Einzigen. Atlantis hat größere Möglichkeiten, Einfluss auf ihn zu nehmen. Wir vertrauen auf sein Erwachen!

John: Wählen sie ihn wieder?

Lynn: Das wird von ihm und euch abhängen!

John: Er wird in den Medien sehr schlecht dargestellt!

Lynn: Das liegt daran, dass viele einfach Angst haben, ihre Stellung auf der Erde zu verlieren. Wir glauben nicht, dass sie davor Angst haben, dass er ihre Pläne durchkreuzen kann!

John: Könnte er dennoch gefährlich werden?

Lynn: Er könnte die Menschheit zumindest in zwei Lager teilen!

John: Wie viele Menschen stehen weltweit hinter ihm?

Lynn: Weltweit sind es keine 30 %. Er hätte noch sehr viel Arbeit!

John: Ja, die Medien tun auch alles, damit es so bleibt!

Lynn: Dennoch kann er viele hinter sich bringen!

John: Sollten wir ihn weiter unterstützen?

Lynn: Ihr sollt jeden unterstützen, der euch einen anderen Weg zeigt. Und erst recht, wenn sich die ganze Welt gegen ihn verschwört. Doch bleibt sehr achtsam und verehrt niemanden. Daran sind schon einige Führer untergegangen!

John: Die Zeichen der Zeit!

Lynn: An den Taten und nicht an deren Worten werdet ihr sie erkennen. Das waren wahre Worte!

John: Du zitierst die Bibel?

Lynn: Richtig! Unsere Botschaften sind überall versteckt!
John: Auch im Koran?

Lynn: Selbstverständlich auch im Koran! Ihr sollt nichts verteufeln. Auch nicht das, was direkt von Atlantis stammt. Um der Wahrheit näherzukommen, müsst ihr auch die andere Sichtweise kennen!

John: Verständlich!

John: Warum hofieren sie so den Islam?

Lynn: Der Islam war damit sehr erfolgreich, viele Menschen unter seinem Dach zu versammeln. Die arabischen Völker sind sehr leichtgläubig und dienen gerne ihrem Gott. Dies hätten sie gerne bei der ganzen Bevölkerung. Das soll nicht heißen, dass alle, die an den Islam glauben, schlechte Menschen sind. Viele wollen einfach nur ihrem Glauben nachgehen und überleben. Der Islam gibt ihnen Hoffnung!

John: Warum neigen sie so zu Hass?

Lynn: Jeder von euch neigt zum Hass! Ihr wurdet nur noch nicht so aufgehetzt!
John: Noch nicht?

Lynn: Dies geschieht nur sehr vorsichtig. Der Hass soll in euch ausbrechen, aber nicht direkt gegen die Religion. Ihr sollt zwar Religionskämpfe führen, aber euch soll nicht die Religion stören, sondern diejenigen, die diese Religion ausüben. Das ist ein psychischer Erfolg, der sich einschleichen soll. Sie wollen euch islamisieren und das sollt ihr nicht merken.

John: Wie wollen sie uns islamisieren, wenn sie uns gegen sie hetzen? Erreichen sie so nicht das Gegenteil?

Lynn: Nur zum Teil!

John: Kannst du das genauer erklären?

Lynn: Das geschieht sehr vorsichtig und über eine längere Zeit!

John: Wann haben sie mit der Islamisierung angefangen? Die Flüchtlingskrise ist doch noch nicht so lange her!

Lynn: Das geht schon seit Jahrzehnten. Ich merke, ihr habt sehr lange sehr tief geschlafen!

John: Seid wann genau?

Lynn: Im Grunde genommen begann die Islamisierung schon in der Kolonialzeit. Aber springen wir in die 50er Jahre. Nachdem Europa in Schutt und Asche lag, lockten sie die ersten Moslems mit Geld nach Europa.

John: Aber jemand musste Europa, insbesondere Deutschland, wiederaufbauen?

Lynn: Ja, dieses Argument nutzten sie zum Vorwand, um euch die Angst vor etwas Fremden zu nehmen.

Lynn: Der 2. Weltkrieg wurde dafür benutzt, um mehrheitlich euch und eure Städte zu zerbomben. Über 70 % der Industrie blieb intakt! Schon wenige Jahre nach dem Weltkrieg befand sich Deutschland fast an der Spitze der Industrieländer. Obwohl noch keine Gastarbeiter in Deutschland lebten und arbeiteten.

John: Wir waren überzeugt, sie sollten uns am Wiederaufbau helfen!

Lynn: Und das war ein psychologisches Meisterwerk!

Lynn: Sie haben euch langsam an das Fremde gewöhnt. Ihr hattet die Zukunft nicht vor euren Augen. Geburtenraten und Generationen interessierten euch nicht. Außerdem könnt ihr nur in Monaten denken und nicht in Jahrzehnten. Dies nutzen sie aus!

Lynn: Mit den Jahren vermehrten sich die Gastarbeiter viel schneller als ihr. Aus den Kindern wurden Eltern und aus den Eltern Großeltern. Sie werden euch schon recht bald an ihrer Anzahl übersteigen. Eure Kultur wird sich langsam auflösen, so dass ihr nicht mehr sichtbar sein werdet!

John: Ja, leider ist das heute schon sichtbar!

Lynn: Das soll es auch. Um euch jetzt zu zerstreiten. Unbemerkt starteten sie eine Propaganda des Selbsthasses in der weißen Bevölkerung. In Schulen und Universitäten und Medien nötigten sie euch mit einem schlechten Gewissen, so dass es ihnen gelungen ist, einen Selbsthass in euch zu erzeugen.

John: Was meinst du mit Selbsthass?

Lynn: Ungefähr 30 % der europäischen weißen Bevölkerung hasst ihre Kultur und ihren Glauben und immer mehr sich selbst. Was glaubst du, woran das liegt?

John: Wie du sagtest, Propaganda!

Lynn: Mit der Flüchtlingskrise ließen sie noch mehr Muslime zu euch kommen. Nun leben unter euch 30 % Weiße, die sich selbst hassen, 30 %, die einen Migrationshintergrund haben und 30 % Weiße, die die Migranten hassen.

Lynn: Ist das nicht eine explosive Mischung?

John: In der Tat!

Lynn. Und die befindet sich kurz vor der Explosion. Was glaubst du, welche 30 % vertrieben werden?

John: Die 30 %, die für ihr Land und für ihre Kultur kämpfen!

Lynn: Richtig! Und, was glaubst du, wer hat die größere Chance sich durchzusetzen? Die 30 % oder die 60 %?

John: Ich glaube, dazu muss man nichts mehr sagen.

John: Zerstört sich der Islam dadurch nicht auch selbst?

Lynn: Sie vermehren sich größtenteils untereinander. Sie schämen sich nicht für ihre Kultur und Religion und leben diese offen unter euch aus. Wie gesagt, eines Tages überholen sie euch in der Bevölkerung und werden ihre Gesetze einführen.

John: Und unsere Kultur wird langsam aussterben!

Lynn: Stimmt!

John: Wie kommt es, dass die meisten der Geflüchteten nur junge Männer sind?

Lynn: Weil es so gewollt ist!

John: Stimmt es, dass die Flüchtigen von westlichen Mächten bewusst eingeschleust werden?

Lynn: Das stimmt.

Lynn: Ein Syrer zum Beispiel verdient im Jahr 1500 Dollar, seine Lebenshaltungskosten mit allen Abzügen betragen ungefähr 1200 Dollar. Mit 300 Dollar im Jahr müsste er über 30 Jahre sparen, um sich die Flucht finanzieren zu können. Jetzt sind die meisten nicht einmal über 25 Jahre alt. Muss man dazu noch etwas sagen?

John: Die westliche Zivilisation ist überzeugungsresistent!

Lynn: Ihr im Westen verdient fast das 30-Fache. Die Lebenshaltungskosten sind auf den Dollar umgerechnet ähnlich. Eure Flucht, müsste, verglichen mit ihrer, also 300000 Dollar kosten.

Lynn: Wie viele junge europäische Männer könnten sich diese Flucht leisten?

John: Keiner! Was wird aus ihrer Religion?

Lynn: Die wird genauso untergehen wie alle anderen Religionen vor ihr, sobald sie ihren Zweck erreicht hat.

John: Muslime werden dich verurteilen!

Lynn: Ja, leider! Vielleicht gelingt es uns, einige zu überzeugen! Sie sind zu stark in ihrer Vorstellung indoktriniert!

John: Vor welchen Politikern sollten wir uns am meisten fürchten? Trump, Putin, Xi, Kim oder einen anderen?

Lynn: Fürchten sollt ihr euch vor keinem. Vor Politikern schon gar nicht. Politiker sind nur Auftragsausführer!

Lynn: Haltet eure Augen in jede Richtung offen. Seid wachsam und bereitet euch auf alles vor!

John: Gibt es ein System, das wir besonders im Auge behalten sollten?

Lynn: Gebt besonders auf die sozialistischen, grünen Umweltbewegungen acht. Sie haben sehr gute Redner. Sie benutzen sehr weiche Worte und schmieren euch Honig ums Maul. So ist es sehr schwer, ihnen etwas anzuhängen.
John: Wo sitzen sie?

Lynn: Sie haben keinen festen Sitz, sie springen durch die Systeme.

John: Kannst du uns nennen, welches System sie momentan hofieren?

Lynn: Ich versuche, deutlich zu werden!

John: Ich bitte drum!

Lynn: Momentan geht die größte Gefahr von Europa aus. Genau genommen von Brüssel und Straßburg, dem Europäischen Parlament. Sie heucheln euch das Gute vor. Sie verwischen eure Augen, sagen, sie retten die ganze Welt. Dabei sind es diejenigen, die am meisten Leid auf der Welt verursachen. Sie sagen, sie retten Leben. Dabei sind es die größten Mörder.

John: Sie führen aber nicht so viele Kriege wie die Amerikaner.

Lynn: Die Amerikaner töten durch ihre Waffen an bestimmten Orten eine gewisse Zeit. Die Europäer töten permanent an jedem Ort auf der ganzen Welt.

Lynn: Aus Europa haben sie Technologien in die Welt gebracht, die euch krank machen. Sie haben die Firmen in die Welt gebracht, die euch bis zum Tod ausbeuten. Sie haben die Banken, die euch aussaugen, bis ihr vor Hunger sterbt.

John: Wirklich Europa?

Lynn: Sind die Amerikaner keine Europäer? Arbeitet die ganze Welt nicht für europäische Firmen?

John: Irgendwie schon!

Lynn: Dann siehst du, wo der Ursprung derer ist, die euch versklaven wollen. Um auf der Erde zu bleiben. Und momentan ist Europa wieder ihr Lieblingsplatz!

John: Amerika versucht doch, gegen Europa anzukämpfen!

Lynn: Das ist die offizielle Regierung Amerikas. Die wahre Regierung arbeitet weiterhin Hand in Hand mit Europa!

John: Werden Europa und der Euro überleben?

Lynn: Der Euro wird nicht überleben!

John: Zerstören sie sich dann nicht selbst?

Lynn: Du verfällst immer in alte Gedankenmuster. Ich gebe dir nur Beispiele. Sie haben keinen festen Ort! Sie denken nicht in Grenzen. Sie wollen nichts verbessern! Sie leben von Zerstörung!

Lynn: Sie wollen nur eins: euch versklaven, damit ihre Maschine genug Energie erzeugt, um in unserer Welt mächtig zu werden.

John: Was wird sich in Europa abspielen?

Lynn: Der Euro zieht die Länder ins Chaos. Mit dem Sturz der Währung gehen Massen von Firmen pleite. Arbeitsplätze gehen verloren, Armut und Hunger bringt die Gewalt und die Gewalt bring den Bürgerkrieg.

Lynn: Den Ausgang kennst du schon.

John: Wie hoch ist die Chance, dass es nicht zu diesem Krieg kommt?

Lynn: Nicht sehr hoch!

John: Wie viel Prozent?

Lynn: Nahezu unmöglich!

John: Haben wir nicht die Möglichkeit, etwas zu ändern?
Lynn: Ihr habt viele Möglichkeiten. Doch einer allein wird nichts ändern können. Wir sehen nur die Gemeinschaft. Zusammen bildet ihr ein Oberbewusstsein. Und wenn wir eure Entwicklung in Betracht nehmen, das, zu dem ihr

euch entwickelt habt, sehen wir keine Chance, dem Krieg aus dem Weg zu gehen.

John: Wie seht ihr eure Chance, den Endkampf erfolgreich zu gewinnen?
Lynn: Erfolgreich keine! Dafür wird es viel zu viele Tote geben. Den Krieg werden wir nach sehr viel Leid gewinnen!

John: Wie sicher bist du dir?

Lynn: Ganz sicher!

John: Was passiert mit den Überlebenden, werden sie erwachen?

Lynn: Theoretisch schon, aber!

John: Aber?
Lynn: Eure Seelen erlitten große Schäden. Wir werden euch daher wohl noch mehrere Generationen auf der Erde aufbauen müssen!

John: Woran erleiden unsere Seelen die größten Schäden? Ist die Maschine dann besonders produktiv?

Lynn: Am meisten hat die Seele unter sämtlichen psychischen Qualen zu leiden!

John: Ist Krebs deswegen so weit verbreitet? Krebs zu haben, bedeutet doch, körperlich und psychisch zu leiden. Ist Krebs besonders produktiv?

Lynn: Krebs ist tatsächlich besonders produktiv, aber die größten Qualen erleidet die Seele unter anderen Voraussetzungen!

John: Die wären?

Lynn: Die meisten Schäden erleidet eine Seele, wenn sie in einem sehr jungen Körper brutal gequält und missbraucht wird. Diese Form von Energieerhalt benutzen sie auf Atlantis meistens für private Zwecke. Zuviel der privaten Schöpfung würde die Maschine nicht überstehen!

John: Ist deswegen die Pädophilie unter uns so weit verbreitet?
Lynn: Nicht für den privaten Gebrauch der Energie auf Atlantis. Sehr wohl aber, um den Pädophilen psychisch zu schaden! Die allermeisten von ihnen leiden darunter ihr Leben lang, ohne dass sie einem Kind Schaden zufügen!

John: Kannst du uns sagen, wie viele darunter zu leiden haben?

Lynn: Die Zahl wird dich erschrecken! 100 % aller männlichen Körper sind genetisch so konstruiert, dass sie zur Pädophilie neigen. 80 % von ihnen hatten schon mit pädophilen Gedanken zu kämpfen, 40 % leiden ihr ganzes Leben darunter und verstecken sich in Beziehungen zu Frauen hinter einer Familie. 20 % verkriechen sich vor der Welt und nur eine kleine Menge wird tätig!

John: Warum ist das unter Frauen nicht so weit verbreitet?

Lynn: Weil Frauen diese Gene nicht besitzen!

John: Und warum scheinen einige Frauen doch zur Pädophilie zu neigen?

Lynn: Das sind andere psychische Symptome, die sie dazu verleiten!

John: Und welche?

Lynn: Verwirrtheit! Verbreitet sich immer mehr unter den Frauen. Sie wissen nicht, was sie sind!

John: Was sind sie denn?

Lynn: Frauen!

John: ☐

Lynn: Die meisten Frauen sind einfach nur ihren pädophilen Partnern hörig. In elitären Kreisen begehen sie die abscheulichsten Taten, um Satan zu gefallen!

John: Ist er denn in den elitären Kreisen real?

Lynn: In den ganz hohen Kreisen ist er sogar unter ihnen. Den niedrigeren elitären Kreisen verhilft er zu Reichtum oder Macht. Es hat sich mit der Zeit herumgesprochen, dass er sie entlohnen wird, falls sie ihn anbeten!

John: Wie werden unsere Seelen wiederaufgebaut werden?

Lynn: Unter euch werden nach dem Krieg reine Seelen geboren. Ihr werdet sie gebären müssen. Sie versorgen euch mit reiner Energie. Die Kinder werden ganz besonders sein und Einfluss auf euch nehmen!

John: Was wird das Besondere sein?

Lynn: Sie bringen euch Liebe!

John: Wir empfinden doch Liebe!

Lynn: Das, was ihr empfindet und Liebe nennt, ist keine Liebe, sondern Schmerz.

Lynn: Ihr habt nie geliebt!

John: Was denn?

Lynn: Ihr habt besessen! Eure Kinder waren Ausstellungsstücke, ihr habt sie wie eine Ware behandelt!

Lynn: Die Kinder, die geboren werden, erwecken in euch das richtige Gefühl der Liebe.

John: Also werdet ihr uns noch einige Generationen in der Maschine halten müssen, damit unsere Seelen wieder rein werden?

Lynn: Das hast du richtig erkannt!

John: Hast du nicht gesagt, wir werden direkt aufwachen?

Lynn: Ja, das habe ich. Aber das Risiko ist zu hoch, euch nach all den Strapazen direkt in unsere Welt zu holen!

John: Wie wird das Leben auf der Erde aussehen?

Lynn: Ähnlich wie auf Tara. Ihr werdet ohne Besitz in kleinen Dörfern leben und kooperieren müssen. Jeder wird für seine Ernährung sorgen müssen. Er bekommt ein Stück Land, das er bewirtschaften muss. Die Tiere dienen nur als Nutztiere und nicht als Nahrungsquelle!

John: Die Tiere, die unter uns leben – sind sie auch an die Maschine angeschlossen und leiden?

Lynn: Nur eure Nutz- und Haustiere! Alle anderen sind Illusionen, deren Schmerz programmiert ist. Es sind sozusagen kleine Roboter.

John: Wir ernähren uns von so vielen Tieren. Gehen Atlantis die Tiere nicht langsam aus?

Lynn: Eure Tiere sind allesamt Klone von Tieren, die auf Atlantis an die Maschine angeschlossen sind. Deswegen werden selbst eure Tiere immer kränker. Und ihr werdet immer kränker, weil ihr die Tiere esst!

John: Ihr werdet uns für das Leben auf Tara vorbereiten! Wird es schwer für uns?

Lynn: Am Anfang wird es besonders schwer werden. Ihr müsst auf alles verzichten. Ihr werdet euch wie ein Drogenabhängiger auf Entzug fühlen. Dann merkt ihr erst mal, wie falsch euer bisheriges Leben war.

John: Das hört sich schmerzhaft an!

Lynn: Es wird kein körperlicher Schmerz. Aber die Seele wird sehr zu kämpfen haben!

John: Helft ihr uns dabei?

Lynn: Eure Kinder helfen!

John: Wie werden wir erwachen?

Lynn: Eure Population wird langsam kleiner, bis es keinen Menschen mehr auf der Erde gibt!

John: Was passiert mit der Maschine?

Lynn: Sie wird abgeschaltet!

John: Was macht ihr, wenn ihr wieder mehr Energie braucht?

Lynn: Die Natur gibt uns so viel Energie, wie wir brauchen, sie entscheidet, wie viel Energie wir benötigen. Du siehst, zu was es geführt hat, sich von der Kraft der Natur zu entfernen.

John: Warum habt ihr dann die Maschine entwickelt?

Lynn: Wir haben das dunkle Licht unterschätzt, dass uns überallhin verfolgt. Und wir dachten, wir handeln nach unserem Willen!
John: Dunkles Licht?

Lynn: Ihr würdet sagen Yin und Yang!

Lynn: Doch die Kräfte bilden keine Einheit, oder sind voneinander abhängige Kräfte, sondern ganz im Gegenteil. Das Yin versucht, das Licht des Yang zu absorbieren und in Nirwana zu verwandeln. Das Sein soll im Dunkel verschollen und vergessen bleiben!

John: Und was ist das Sein?

Lynn: Gott!

John: Warum hast du das Buch so kurz, schlicht und einfach gehalten?

Lynn: Wir wollen nicht eure Doktoren, Psychologen und die gut Betuchten überzeugen. Wir wollen euch aus den Fängen der Maschine befreien. Die einfachen Menschen, sie sollen verstehen!

Lynn: Außerdem haben wir an allen Büchern, Filmen und Dokumentationen mitgewirkt. Ihr müsst nur lesen. Nehmt dies als Überleitung und lest!

John: Welche Bücher würdest du besonders empfehlen?

Lynn: Wir haben viel an den Weden mitgewirkt. Diese sind für euch nur sehr schwer zu verstehen. Ihr schaut viel zu sehr auf die Bilder als auf die Botschaft. Die Weden werden immer mehr in den Vordergrund gehievt. Dies bereitet uns Sorgen, weil sie langsam zu euch kommen und absichtlich missgedeutet werden. Sie versuchen das, was in den Weden beschrieben steht, noch stärker zu nutzen als die Bibel.

John: Das sieht man. Immer mehr Yogaschulen werden geöffnet. Und immer mehr wird über Spiritismus geredet.

Lynn: Spiritismus ist wichtig. Doch dafür braucht ihr eine freie Seele. Eure Seele ist nicht frei. Der Spiritismus verwirrt sie nur noch mehr.

John: Ich habe keine weiteren Fragen mehr! Danke für die ehrlichen Worte!

Lynn: Nutz es!

John: Werde ich noch von dir hören?

Lynn: Mit Sicherheit, spätestens auf Tara!

John: Eines noch!

Lynn: Ja, bitte!

John: Hast du Kinder?

Lynn: Ja, Emma und Mia!

NACHWORT

Ich möchte darauf hinweisen, dass alles, was hier beschrieben wurde, sich in keiner Weise gegen eure Herkunft oder gegen eure Überzeugungen richten sollte. Vielmehr soll es für jeden nur ein Denkanstoß sein, sich vielleicht von einem Dogma zu lösen. Ich möchte für niemanden entscheiden, was richtig oder falsch ist. Das sollte jeder für sich selbst herausfinden. Lynn bietet nur eine mögliche Antwort auf viele unserer Fragen. Das Aussehen und die Herkunft spielen sowieso keine Rolle, denn egal, woher wir kommen, in welchem Land wir geboren wurden oder welche Hautfarbe wir besitzen …
wir alle sind Atlanter!

MIX

Papier | Fördert
gute Waldnutzung

FSC® C083411

Zeitfracht Medien GmbH
Ferdinand-Jühlke-Straße 7
99095 Erfurt, Deutschland
produktsicherheit@kolibri360.de